LA LUCHA POR UNA PLAZA

ExLibric

JOSÉ RICARDO GUTIÉRREZ VERGARA

LA LUCHA POR UNA PLAZA

EXLIBRIC
ANTEQUERA 2024

LA LUCHA POR UNA PLAZA
© José Ricardo Gutiérrez Vergara
Diseño de portada: Dpto. de Diseño Gráfico Exlibric

Iª edición

© ExLibric, 2024.

Editado por: ExLibric
c/ Cueva de Viera, 2, Local 3
Centro Negocios CADI
29200 Antequera (Málaga)
Teléfono: 952 70 60 04
Fax: 952 84 55 03
Correo electrónico: exlibric@exlibric.com
Internet: www.exlibric.com

ISBN: 978-84-10076-69-3
Depósito Legal: MA 1592-2024

Impresión: PODiPrint
Impreso en Andalucía – España

Nota de la editorial: ExLibric pertenece a Innovación y Cualificación S. L.

JOSÉ RICARDO GUTIÉRREZ VERGARA

LA LUCHA POR UNA PLAZA

Prólogo

Después de la buena experiencia de escribir y publicar mi primera obra, *Crónica de una década de viajes (2012-2022): 10 años disfrutando y aprendiendo*, decidí que no iba a ser la última y me puse manos a la obra para poder realizar otro trabajo totalmente distinto al anterior. En la vida hay objetivos y metas por los que hay luchar y perseverar muchísimo para poderlos alcanzar. Mi actual puesto de trabajo es consecuencia de un gran esfuerzo durante aproximadamente una década —que en este caso no fue viajando, sino estudiando—, desde el momento que me matriculé en el Curso de Adaptación Pedagógica (CAP) en 2001 hasta que fue publicado mi nombramiento como funcionario de carrera en 2011.

En esta obra, no me puedo olvidar de mi experiencia como alumno, por dos razones: por una parte, porque mi personalidad como estudiante refleja claramente mi personalidad como docente y, por otra parte, porque hay que valorar el dicho «¿de dónde venimos?» para valorar un logro. Tampoco me puedo olvidar de las dificultades que he tenido que solventar (legislaciones dudosas y polarizadas, blindaje de listas de interinos sin justificación, sistemas selectivos poco transparentes o miembros del tribunal con valoración de exámenes muy subjetiva) y con más mérito si cabe al querer ser profesor de una asignatura que en mi etapa universitaria estudié muy poco, pero en los procesos selectivos ha habido que superar a muchos licenciados de esa especialidad para poder trabajar. Esta época he participado en cuatro procesos selectivos y especialmente en los primeros ha habido que encajar la derrota —no el fracaso, porque si se ha trabajado bien, suspender una oposición no es un fracaso—, pero he sabido levantarme para al final lograr el objetivo. Después de cada proceso selectivo y de cara al siguiente hubo que tener creatividad, aprendizaje continuo, adaptabilidad y la fe de no rendirse. Quiero dejar claro que mi experiencia puede servir a cualquier persona que quiera opositar, pero el camino que seguí no tiene que ser el ideal, puesto que cada persona es diferente. Vale, en cualquier caso, para aquellos que se enfrentan a desafíos profesionales en su vida profesional y académica.

En este libro, como en la mayor parte de los libros, aunque hayan sido redactados en solitario, casi siempre hay colaboraciones de otras personas. Quiero agradecer a mis excompañeros y amigos de mi época de estudiante: Antonio Garrido Martínez (también a su esposa; Claudia Marisa Sánchez), José Ignacio Martínez Jiménez, Francisco Javier Maíz Cambra, Oskar Lazkoz Díez, Rafael Tazueco Cascan, Jesús Sayas Marquiaran (Uko), Arancha Alonso Fernández (Logroño) y Luis Chueca Lanzos; mis exprofesores y amigos en mi época de estudiante: Javier Ramírez, José Martínez Ruano y Víctor Lanchares; a los docentes y amigos: Enrique Ruedas Bueno, Álvaro de Damas Cerdá (Granada), Luis Carlos Díaz Barcos (director del IES Marqués de Villena durante veintiocho años), Pepa García Muñoz, Margarita Plana Marqués (Tarragona), Juan Manuel Pedroviejo (Soria), Jesús Sebastián (Burgo de Osma), Marisol Ortega, Jorge Enrique Hernández (Valladolid), Juanma (Gasteiz) y Eduardo Casaus Mendi; a mis exalumnos y actualmente amigos: Rebeca Calvo Calonge, Carlos Pérez Pejenaute, Jorge Echeverría Maimon, Raquel y Rebeca Vallés Aragón y Aitor Hidalgo. Mención especial a los alumnos de mi grupo de 2.º de bachillerato de este curso (2023-2024) en el IES Pablo Sarasate en Lodosa (Navarra): Marwa Bahraoui Hamidi, Martín Calvo Zalduendo, Jimena Etayo Vidarte, Aaron Lacalle Romero, Irene Lodosa Cidrián, Aritz Marco Rodríguez, Daniela Plaza Marzo, Marta Rupérez Mauleón, Sonia Valerio Martínez, Yassien Zeroual Choukri y Hugo Peniche Resalvo por su buena colaboración en el primer libro y su buena disposición en este. Asimismo por su colaboración y apoyo moral a Carlos Jiménez Aguado, Antonio Tarazona, Alberto Paz (Madrid), Berlie (Filipinas), Rafael Ibáñez Mazo y Miguel Ángel Ochoa. Por último, dedico esta obra a mis familiares, especialmente a mi madre, Julia Vergara Herreros; a mis tías María Dolores Vergara Herreros y Rosa María Gutiérrez Marrodan; mis tíos segundos, María José y Ricardo Herreros, Ernesto Vergara Ruíz, y a mis familiares fallecidos: a mi padre, Ricardo Gutiérrez Marrodan, a mis abuelos José Vergara Crespo, María Cruz Herreros Montiel y Pilar Marrodan Alfaro. A mis primos carnales, María del Mar, María del Carmen y José Manuel; mis primos segundos, David y Raúl Solana Herreros, José María y Carmen Falcón del Río, Toño Del Río Rubio, Roberto Moreno Roldán, Mercedes Gutiérrez Herreros, Enrique Ruíz…; a mi amigo fallecido Francisco Javier Ibáñez Mazo y a su hermano Rafael Ibáñez Mazo.

1. Antecedentes

A la hora de valorar un «éxito» o bien un «no éxito» en unas oposiciones en Educación es necesario tener en cuenta de dónde venimos, es decir, tener en cuenta también la época de estudiante, para valorar un resultado en dicho proceso selectivo.

HISTORIA DE UNA LEGISLACIÓN

Conviene conocer qué leyes de Educación hemos tenido en nuestras etapas, tanto escolar como de enseñanzas medias y universitarias.

Habiendo nacido en diciembre de 1971, mi primer curso académico fue el de 1975-1976. Comenzó en septiembre y, como anécdota, en noviembre no fuimos varios días al colegio, pero la mayoría no supimos por qué. La razón de aquello fue obvia: el 20 de noviembre falleció el jefe del Estado, Francisco Franco Bahamonde.

En aquel entonces los estudios en España estaban regulados por la **Ley 4/1970 del 4 de agosto, General de Educación y Financiamiento de la Reforma Educativa**, que fue la última ley del sistema educativo franquista y estuvo vigente, aunque con importantes modificaciones, hasta 1990.

Había dos etapas: etapa infantil y preescolar (dos cursos) y etapa de Educación General Básica (EGB, ocho cursos, hasta los catorce años). La EGB constaba de tres ciclos: 1.er ciclo (1.º, 2.º y 3.º de EGB), 2.º ciclo (4.º y 5.º) y 3.er ciclo (6.º, 7.º y 8.º). Esta etapa era de carácter obligatorio y gratuito; todos los alumnos debían estar escolarizados por lo menos hasta los catorce años. El alumno que aprobaba todas las asignaturas obtenía el graduado escolar y le permitía seguir estudiando, o bien Bachillerato (BUP y COU) para prepararse para la universidad, o bien Formación Profesional (FP). El alumno que no aprobara todas las asignaturas solo podía estudiar Formación Profesional para especializarse en un oficio y obtenía el certificado de escolaridad.

A finales de los años 70 y en los 80 del pasado siglo, hubo muchos cambios en el país, debido a la transición de la dictadura a la democracia, aunque en lo que a la educación se refiere no hubo cambios significativos. No hubo grandes cambios porque los libros de texto de cada curso se mantuvieron durante años, de esta forma una familia con tres o cuatro hijos, con una diferencia de varios años entre el mayor y el menor, podía utilizarlos sin tener que comprar libros nuevos. La enseñanza era diferente, actualmente impensable, pues el maestro podía utilizar cualquier método para controlar la clase: castigos humillantes, como colocar al alumno de rodillas con los brazos en cruz, o el uso de la fuerza, que aunque estaba cada vez peor visto, no había una prohibición a lo largo de la década de los 80. Ahora, visto con el tiempo, la mayor parte de esos métodos estaban bien justificados, puesto que el alumno no se portaba bien ni en las clases ni fuera de ellas. También es preciso decir que el docente abusaba del uso de la fuerza, incluso pegaba al alumno por no saberse la lección o por no saber hacer un problema de matemáticas en la pizarra. Con relación a esta circunstancia hay que mencionar que hubo un cambio a partir de la promulgación de la **Ley Orgánica 8/1985, de 3 de julio** o, con otras palabras, la **Ley Orgánica del Derecho a la Educación (LODE)**. En la LODE se recogía el derecho a la libertad de la enseñanza y los derechos y las obligaciones del alumnado y sus familias que les permitían ser consecuentes con los fines de atención educativa. Cuando entró en vigor esta ley, fue mi último curso académico en el colegio (1985-1986), por lo que apenas tuvo ningún efecto en nuestros grupos. Cabe destacar que en el colegio al que yo acudía, se estudiaba como asignatura Francés, en las décadas de los 70 y 80, no se cambió al inglés hasta más adelante, cuando ya no estudiaba allí.

La siguiente ley de educación tampoco influyó en mi formación, puesto que entró en vigor durante mi último curso académico (1990-1991) en las enseñanzas medias (FP). Esta ley es la **Ley Orgánica de Ordenación del Sistema Educativo (LOGSE), de 3 de octubre de 1990.**

Trayectoria en la EGB

Quiero volver a señalar que para evaluar un logro o un no logro hay que tener en cuenta de dónde venimos. Mi trayectoria en el colegio José

Luis Arrese de Aldeanueva de Ebro (La Rioja, a partir de 1982 y provincia de Logroño anteriormente) no fue, desde luego, brillante, más bien irregular. Mi trayectoria en los diferentes ciclos de la EGB fue distinta:

1.er ciclo (1977-1980): Fue una etapa en que me costó adaptarme al nuevo rol de estudiante. Fue una etapa muy negativa. Me costaba centrarme y seguir las clases, y esto tuvo una consecuencia, pues tuve que repetir 2.º de EGB, prolongando esta etapa hasta 1980; en lugar de hacer dos cursos académicos, hice tres. Fue un hecho que me marcó muchísimo durante toda mi estancia en el colegio —incluso cambié a mi grupo de amigos de mi edad con los de un año menos—, pero tengo que decir que me vino bien, porque me permitió empezar de cero y me supuso un gran cambio de actitud hacia el estudio.

2.º ciclo (1980-1983): Fue la etapa más brillante de las tres, el curso que repetí iba aprobando, pero en los siguientes cursos ya obtenía muy buenas calificaciones (notables y sobresalientes), aunque a veces suspendía alguna asignatura, como Dibujo. Fue una etapa en la que disfruté muchísimo aprendiendo.

3.er ciclo (1983-1986): Fue una etapa muy irregular, no llevé bien pasar de tener solo un maestro por curso a tener tres. Algunas asignaturas comenzaron a venirme grandes. En esta etapa era un alumno irregular, especialmente en la asignatura de Matemáticas —en la actualidad no me importa decir que he suspendido muchos exámenes de Matemáticas y que no pasa nada por ello—, tan pronto obtenía una calificación de bien o notable como suspendía con una baja puntuación. En 8.º de EGB destaca el sobresaliente en Historia y los aprobados en la convocatoria de septiembre en las asignaturas de Lengua Castellana y Francés.

Al acabar esta etapa, mis maestros de aquella época informaron a mis padres que me aconsejaban que estudiase una rama de FP y que en los estudios no llegaría muy lejos. ¡Se equivocaron!

TRAYECTORIA EN LA FORMACIÓN PROFESIONAL

En 1986 me matriculé en el **Instituto de Formación Profesional Emperador Alfonso VII** de Alfaro (La Rioja), en la rama agraria y con la especialización de Mecánica Agraria. Estos estudios de formación profesional constaban de cinco cursos académicos, divididos en dos ciclos:

1. Cursos académicos de primer grado (1986-1988): A diferencia de la etapa de EGB, mi aptitud hacia los estudios en esta etapa cambió. Era más trabajador y era más regular, y como consecuencia, los resultados eran bastante mejores. Además me había convertido en un alumno muy ambicioso y siempre que mis profesores me daban la posibilidad, me presentaba para subir la nota del examen anterior (siempre intentando obtener un 10). Quería llegar lejos en los estudios, ya que no me gustaba la agricultura —que era lo que me esperaba en caso de fracasar en los estudios—. No olvidaba lo que los profesores habían pronosticado acerca de mi futuro en los estudios y después de la primera evaluación fui al colegio José Luis Arrese, colegio donde había estudiado en EGB, a enseñarles el boletín de calificaciones, unas calificaciones bastantes mejores que las que había obtenido con ellos.

Mis nuevas calificaciones sorprendieron a los maestros de la EGB
SS = Sobresaliente, N = Notable, B = Bien, SF = Suficiente

Conviene hacer un apunte en esta etapa, porque todos los compañeros de la comunidad educativa estaban de acuerdo en que era un buen estudiante, y esta circunstancia, sin duda, me ha marcado como docente; si has sido un buen alumno y te valoran lo que haces, cuando eres profesor valoras muy bien la actitud positiva del alumnado. En clase de mi especialidad (Mecánica Agraria) estudiábamos quince alumnos, pero con los compañeros no congeniaba muy bien, ya que era el único al que le gustaba estudiar. Nuestro tutor era un profesor de tecnología, Javier Ramírez, un tutor que a mí personalmente me ayudó mucho. A veces me rogaban que convenciese al profesor para aplazar el examen porque no habían estudiado o, en época de huelga de profesores (una huelga que todos no hacían), decían que no entrara nadie a clase, pero no les hacía caso y era el único que entraba —por lo que me ganaba alguna colleja—. De los compañeros de clase en mis dos primeros cursos (1986-1987 y 1987-1988), tengo que decir que no fueron buenos amigos después de esta etapa, a excepción de uno, Francisco Javier Maíz Cambra, que actualmente es un buen amigo.

Si el alumno aprobaba todas las asignaturas de los dos primeros cursos (1.° y 2.°) tenía el título de técnico auxiliar. Por lo que seguí con los estudios FP2 (Formación Profesional de 2.° grado).

2. Cursos académicos de segundo grado (1988-1991): En esta etapa había tres cursos (3.°, 4.° y 5.° de FP). Ya en nuestro grupo de agraria, pasamos de ser quince alumnos a ser cinco. En mi caso no fue un cambio positivo porque mis compañeros no tenían una actitud buena hacia el estudio, también eran de pueblos de la sierra de Rioja Baja (Cervera del Río Alhama o Cornago) y estaban muy unidos a la hora de tomar decisiones de poner exámenes o cambiarlos de fecha o bien de que nadie entrase en clase —incluso a veces robaban exámenes—, en el caso de que algún profesor no hiciese huelga. Los compañeros no eran los más ideales para mí y Francisco Javier Maíz Cambra había dejado de estudiar, no fue fácil. Pero hay que seguir el camino correcto por encima de todo. Portarse bien, aprender y aprobar los exámenes, eso es lo que hice, y no me fue mal. En las clases teóricas (Matemáticas, Lengua, Formación Humanística o Inglés) nos íbamos con compañeros de las otras especialidades; Electricidad y Química.

Al igual que en la etapa anterior, llevaba las asignaturas al día. Esta perseverancia me llevó a desarrollar un método de trabajo, que me posibilitó progresar adecuadamente de cara al futuro.

En junio de 1991, al aprobar todas las asignaturas tenía el título de técnico especialista, que no solamente me daba posibilidades de trabajar en las empresas del sector, sino también me permitía hacer unos estudios de ingeniería agrícola o forestal. Teniendo en cuenta que en las asignaturas teóricas iba bastante bien y en las prácticas no iba tan bien, decidí continuar mis estudios en la universidad. El error más grande que cometí en esta etapa fue elegir francés como idioma en lugar del inglés, un idioma que no lo pude estudiar como asignatura en la universidad por falta de base y que en muchos puestos de trabajo lo han demandado.

Al final de esta etapa, los profesores que me daban clase me auguraban un buen futuro en los estudios, a diferencia de los maestros del colegio al acabar la EGB.

TRAYECTORIA EN LA UNIVERSIDAD

1. Ingeniería Técnica en Hortofruticultura y Jardinería (1991-1997): En octubre de 1991 comenzó mi etapa universitaria. La facultad estaba en la capital riojana, Logroño; sin embargo, pertenecía a la Universidad de Zaragoza. En aquellos planes de estudios de Ingeniería Técnico Agrícola, el primer curso era común a las dos especialidades agrícolas y en el segundo el alumno debía elegir especialidad. En este primer curso había seis asignaturas anuales (Matemáticas, Física, Química, Dibujo Técnico, Biología y Botánica Agrícola) que eran muy exigentes (en las convocatorias aprobaba en torno al 5 %), sin duda era un reto para mí. Yo quería estudiar, sabía que iba a ser un camino muy largo y estaba dispuesto a recorrerlo. A favor tenía mi perseverancia, mi constancia y las ganas de estudiar, pero en contra estaba que tenía mala base en todas las asignaturas, por no haber estudiado COU, y era una incógnita cómo me iba a adaptar a vivir en el lugar donde estudiaba.

Durante los años que estudié en Logroño estuve hospedado en la Residencia Valvanera, una residencia de estudiantes situada en el centro de la capital riojana, que no era muy cara —unas 40 000 pesetas al mes—. Me permitió centrarme en los estudios solamente y no hacer ninguna otra labor, como limpieza del piso, compras, hacer la comida… En esa residencia conocí a compañeros, que a pesar de la distancia todavía estamos en contacto y nos une cuma buena amistad, como con Rafael Tazueco Cascan o Jesús Sayas (UKO). Un primer curso muy duro, en que solo aprobé una asignatura —curiosamente, Matemáticas—, aunque no era un mal resultado, porque lo normal era que el alumnado que se incorporaba por primera vez a la universidad no aprobase ninguna.

En el siguiente curso (1992-1993) hubo grandes cambios porque la Universidad de La Rioja había nacido —la Universidad de Zaragoza dejó de tener facultades en Logroño— y eso trajo un cambio de planes de estudio. Teníamos que elegir especialidad, yo lo tuve claro y elegí matricularme en Ingeniería Técnica en Hortofruticultura y Jardinería. A efectos prácticos no me fue mal, porque por aprobar Matemáticas me convalidaron dos asignaturas del plan nuevo, Métodos Matemáticos I y II. En este curso ya aprobaban más personas; de hecho, aprobé seis asignaturas: Química y Estadística (febrero); Botánica y Laboratorio Químico (junio); Edafología y Climatología + Topografía (septiembre). No estaba nada mal, ya me estaba adaptando a los grandes temarios, a los exámenes desquiciantes, a encajar malos resultados, aunque se había trabajado mucho. Ya me había hecho a la vida universitaria.

En los siguientes cursos (1993-1994; 1994-1995 y 1995-1996) se podían estudiar asignaturas de segundo y de tercer curso, independientemente de cuántas asignaturas de primero hubieses aprobado, pero había que tener en cuenta que hasta que no hubieses aprobado todas las asignaturas no podías presentar el proyecto de fin de carrera. Yo trataba de matricularme todos los cursos de alguna asignatura de primero que me quedaba: Biología (cursos 1993-1994 y 1994-1995), Física I y II (1994-1995) y Dibujo Técnico (1995-1996). La asignatura de Biología fue a la que más veces me tuve que presentar para aprobarla, en cuatro ocasiones, pero «no hay mal que por bien no venga», porque actualmente, como docente, me veo muy seguro cuando me toca impartir las asignaturas de Biología y de Ciencias Naturales. Las asignaturas de segundo y de tercer curso eran más propias de la carrera (Viticultura, Fito- tecnia, Protección de Cultivos, Fruticultura, Hidráulica y Riegos, Maquinaria y Aperos...) y eran más asequibles, aunque podías aprobar sin saber mucho. Había anécdotas, como la de una alumna que había obtenido un diez en el examen de Maquinaria y Aperos, pero en las prácticas, observando un tractor, el profesor hablaba de la toma de fuerza y la alumna se dedicaba a mirar al capó, porque solo se evaluaba el examen y el alumnado con capacidad para memorizar obtenía buenos resultados, sin saber nada del temario evaluado una semana después del examen. En esta carrera en teoría íbamos bien, pero en la práctica no.

En julio de 1996 aprobé la última asignatura que me quedaba de primero de esta carrera: Dibujo Técnico. En septiembre me matriculé del proyecto de fin de carrera, que decidí hacerlo sobre una plantación de frambuesos en Alfaro (La Rioja). El proyecto de fin de carrera es un trabajo muy completo empleando conceptos de casi todas las asignaturas que habíamos estudiado anteriormente. Comencé ese mismo septiembre, aunque anteriormente ya poseía el análisis de tierra del suelo y del subsuelo de la parcela sobre la que se hacía el proyecto.

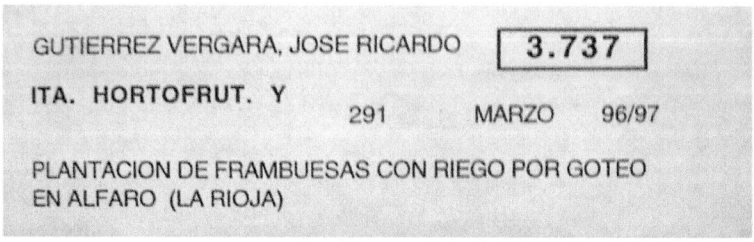

GUTIERREZ VERGARA, JOSE RICARDO **3.737**

ITA. HORTOFRUT. Y
291   MARZO   96/97

PLANTACION DE FRAMBUESAS CON RIEGO POR GOTEO EN ALFARO (LA RIOJA)

Etiqueta del proyecto de fin de carrera

Había una convocatoria para presentar y defender el proyecto en marzo de 1997. Al hacerlo debí aprender muchas cosas sobre la marcha, por ejemplo, para realizar ese proyecto debí aprender muy rápido a manejar el procesador de textos (Microsoft Word). Después de consultar a varios profesores y a la tutora para que me diesen el visto bueno, presenté sobre la bocina el proyecto de fin de carrera el 3 de marzo de ese mismo año y el 25 de marzo lo defendí.

En la defensa, los miembros del tribunal dijeron que les había gustado mucho y que podía estar tranquilo; en ese momento supe que había aprobado. Al día siguiente publicaron las notas y vi que había obtenido la calificación de sobresaliente, ya podía decir que tenía una carrera y que era ingeniero técnico en Hortofruticultura y Jardinería, o dicho de otra manera, era diplomado.

Una vez que las actas confirmaban las calificaciones, nos dieron un resguardo a los aprobados y solicitamos el título pagando previamente las tasas.

Título de Ingeniería Técnica en Hortofruticultura y Jardinería

2. Licenciatura en Enología (1997-2000): La Universidad de La Rioja sustituyó el máster de Viticultura y Enología por una carrera de segundo ciclo en 1996; es decir, una licenciatura. En 1997, ya como ingeniero, había hecho varios trabajos para la Consejería de Agricultura de La Rioja y me habían aconsejado que hiciera la solicitud para poder matricularme en la carrera de Enología, una carrera de segundo ciclo, que no perdía nada por hacer la solicitud y que luego ya decidiera qué hacer. En septiembre hice la solicitud, ya que reunía las condiciones (ser ingeniero técnico agrícola,

licenciado en Química o licenciado en Farmacia), y en octubre estaba en la lista de admitidos y decidí matricularme. ¿Cómo se me darían esos nuevos estudios? ¿Podría compaginarlos con los trabajos que me iban saliendo? En las clases no solo tuve de compañeros a otros procedentes de otras carreras, sino también a algunos profesores que había tenido cuando estudiaba algunas asignaturas de Ingeniería Técnica Agrícola, una circunstancia que era ilegal, porque por ley no se podía estudiar en el lugar donde se daba clase y, para bien o para mal, esos profesores eran evaluados por compañeros de departamento, consiguiendo más fácilmente esta licenciatura o incluso un doctorado.

Por otra parte, esta carrera constaba de dos cursos. En el primer curso, en junio ya había aprobado seis asignaturas —básicamente, las relacionadas con la viticultura—, y en septiembre aprobé otras dos —relacionadas estas con la enología—. Cuando me matriculé no pensaba que iba a aprobar tantas asignaturas, había que estudiar, pero no era más exigente que la anterior carrera; de hecho, las asignaturas de primero de Ingeniería eran mucho más exigentes, aunque eso no quiere decir que fuese fácil. Las asignaturas que tuviesen relación con la química o la biología (Composición y Evolución del Vino, Bioquímica Enológica o Análisis y Control Químico) nos costaban más a los ingenieros, pero los químicos apenas tenían dificultades en este tipo de asignaturas. Lo cierto es que durante esos dos cursos académicos (1997-1998 y 1998-1999) comprobé como ingenieros, sorprendentemente, suspendían asignaturas relacionadas con la viticultura, y los químicos obtenían buenas calificaciones en las asignaturas relacionadas con su carrera, unos datos más que sorprendentes, por lo que la forma de corregir nuestros exámenes era más que cuestionada.

Al final del curso 1997-1998 valoré que a pesar de estar trabajando había aprobado muchas asignaturas, pero no les había sacado mucho jugo y no me gustaban mucho las asignaturas; aprobaba, pero no aprendía mucho. Como estaba casi la mitad del trabajo hecho —había aprobado casi la mitad de las asignaturas—, había que seguir y aunque no me dedicase en un futuro a la elaboración o a la comercialización del vino, en el peor de los casos podía ser licenciado, un título que abría muchas puertas, como luego se demostró. En septiembre me matriculé en las asignaturas que me quedaban del primer curso y de todo segundo. Entre todas las convocatorias aprobé todo, excepto dos asignaturas, Bioquímica Enológica y Ampliación de Análisis Químico, que las aprobé en el siguiente curso 1999-2000 mientras hacía la prestación social sustitutoria (servicio al Estado como alternativa al servicio militar).

Como en el caso de la Ingeniería, cuando aprobé todas las asignaturas, pagué las tasas para solicitar el título de licenciado en Enología.

Título de la licenciatura de Enología

PRIMEROS TRABAJOS POSTUNIVERSITARIOS (1997-1999)

El 25 de marzo de 1997 defendí el proyecto de fin de carrera y al día siguiente pude comprobar que lo tenía superado con una calificación de sobresaliente, además. Ya era una realidad y posiblemente el día más feliz de mi vida hasta la fecha, porque ya era diplomado. Era una meta que veía muy lejana cuando comencé a estudiar en la universidad, pero ya la había logrado.

No pasó mucho tiempo hasta lograr un trabajo relacionado con los estudios realizados porque durante el mes de abril solía ir a la universidad a aprender aplicaciones de ofimática (Word o Excel) y estaba en contacto con un compañero, alumno de la misma carrera, que trabajaba en la Consejería de Agricultura de La Rioja. Me dijo que necesitaban técnicos para realizar trabajos de estadística en la agricultura riojana, así que le di mi teléfono —el fijo, porque en aquel entonces eran pocos los que tenían teléfono móvil— y me aseguró que me llamaría. A mediados de mayo el compañero me llamó y me dijo que iría a la sede de la Consejería de Agricultura. Allí nos reunimos tres compañeros para repartirnos La Rioja, que estaba dividida en segmentos de 49 hectáreas (700 m × 700 m), había que ir a los segmentos y apuntar en una ficha los cultivos que había. No esperaba encontrar un trabajo tan pronto y, si soy sincero, había pensado en poner carteles en panaderías, carnicerías, estancos o supermercados anunciando que daba clases particulares, pero para realizar esta actividad hubo que esperar.

El primer trabajo duró poco tiempo, pero fue el principio de otros, porque gracias a este trabajo otra empresa a nivel estatal, Novotecni, nos contrató para hacer otro tipo de trabajos relacionados con la agricultura y la ganadería, como realizar un inventario de frutales en La Rioja en 1997 y un estudio haciendo entrevistas a agricultores y ganaderos en 1998. Estos tipos de trabajos también tenían inconvenientes. En el caso de la Consejería de Agricultura, pagaba muy tarde y a veces teníamos que pagar trimestralmente los modelos 130 y 300 en Hacienda antes de cobrar, y en el caso de Novotecni, pagaba pronto, pero a veces menos de lo esperado. En 1999 realicé trabajos para la Consejería de Agricultura, el panel territorial y los inventarios de frutales en las localidades de Aldeanueva de Ebro y Rincón de Soto. Al acabar la prestación social sustitutoria en el año 2000, dejé de hacer este tipo de trabajos, ya que eran de corta duración y no estaban bien remunerados. Para empezar, estaban bien para coger experiencia, pero no eran ideales a largo plazo.

2. Año 2000

UNA NUEVA VOCACIÓN

Ya en 1997, cuando logré aprobar el proyecto de fin de carrera y, como consecuencia de ello, era ingeniero técnico en Hortofruticultura y Jardinería, había pensado dar unas clases particulares en mi domicilio, pero mi primer trabajo temporal lo conseguí pronto y no pude darlas.

Durante los siguientes años (1998 y 1999), compatibilizaba los estudios de la licenciatura en Enología con trabajos de estadística de la Consejería de Agricultura de La Rioja. Las primeras clases particulares tuvieron que esperar.

Durante el curso 1999-2000, debí hacer la prestación social sustitutoria, una alternativa para no hacer el servicio militar, obligatorio en aquel entonces. Este servicio lo hice en el **IES Gonzalo de Berceo**, en Alfaro (La Rioja), donde estaba de bibliotecario para dar de alta todos los libros que se compraban y tenía muchos ratos libres. La primera parte del curso me dediqué a estudiar las dos asignaturas que me quedaban para acabar la licenciatura en Enología y cuando aprobé, en febrero del 2000, me planteé dar clases particulares. Veía a los profesores que estaban contentos enseñando y me picó el gusanillo.

En mayo del año 2000, coloqué carteles en tiendas para anunciar que daba clases de Matemáticas, de Física y de Química. Enseguida vino un alumno del pueblo, de dieciséis años, que había perdido a su hermano ese mismo año en un accidente de tráfico cuando iba a trabajar a Calahorra. Era un adolescente al que no le gustaba estudiar y sus padres estaban muy preocupados, ya lo habían mandado a varios colegios privados, porque no levantaba cabeza y temían que no aprobara el curso. Contactaron conmigo y, aunque nunca había dado clases, confiaron en mí. La verdad es que la jugada no pudo salir mejor por las dos partes, porque aprobó. Con su hermana había coincidido en la universidad, aunque no en la misma carrera, y me propuso que le diese clase también en verano para preparar el bachillerato.

Ese verano, ya tenía más alumnos, aparte del que tenía. Venía un grupo de cuatro, tres de ellos eran primos míos, y tuve que ser duro porque jugaban cuando explicaba a uno al final me tenía que enfadar mucho. Un día de agosto vino a mi casa una familia de gitanos —por lo menos seis miembros de la familia— para ver si era posible que le diese clases de Matemáticas del nivel de 1.º de Bachillerato a una chica de su familia. Al principio, tengo que reconocer que me dio mucho miedo, pero acepté. Fue una experiencia muy positiva porque la alumna gitana aprendió mucho y aprobó la asignatura de Matemáticas Aplicadas a las Ciencias Sociales I en septiembre, por lo que salí reforzado de esa situación y esa familia gitana estaba muy contenta y aconsejó ir a mis clases particulares.

La experiencia de las clases particulares en ese año 2000 fue muy positiva y me había surgido una nueva vocación. ¿Por qué no dedicarme a la docencia en los centros de enseñanza?

UN TRABAJO RELACIONADO CON LA SEGUNDA CARRERA

Después del verano me contrataron en la empresa Bodegas El Cidacos, de Tudelilla (La Rioja), donde comencé a trabajar a principios de septiembre y acabé en noviembre. Me contrataron para la temporada de vendimia solamente.

Con el tiempo veo que era necesario vivir lo que era una vendimia dentro de una bodega, para saber si quería dedicarme toda la vida al tema de la enología o no. La experiencia no fue positiva porque hubo que contentar a varias partes: por una parte, a los jefes que me contrataron —un padre y un hijo que tenían diferentes formas de ver las cosas—, por otra parte, a los representantes de las empresas que trabajaban con los jefes, Bodegas Franco-Españolas y Paternina, del bodeguero Marcos Eguizábal, y por último a los agricultores de Tudelilla, que no podían meter la uva porque la bodega se llenó con la uva de agricultores de Andosilla, Aldeanueva o Sartaguda. Fueron momentos tensos. Generalmente, me dedicaba a echar producto a los depósitos (levaduras, metabisulfito o azúcar), pero no estaba contento con ese trabajo y quizás debiera plantearme otra situación laboral, reflexioné.

Después de esta experiencia me planteé seriamente no trabajar en este sector y, de hecho, no eché ningún currículum a ninguna otra bodega, pero el hecho de ser licenciado en Enología me podía abrir otras puertas, como la de la enseñanza, porque ser licenciado habilitaba para poder dar clase en los centros de enseñanza, aunque fuera condición necesaria pero no suficiente.

EL ÉXITO DE LAS CLASES PARTICULARES

Una vez terminada la vendimia en Tudelilla (La Rioja), se me acabó el contrato, y no fue una mala noticia su no renovación, porque no estaba muy convencido de trabajar en un futuro en el sector de la enología. De lo que sí estaba convencido era de seguir dando clases particulares y, de hecho, había algunos alumnos que estuvieron esperando varias semanas a que acabase con la vendimia para comenzar las clases. Incluso había un alumno que estudiaba en ese momento 2.º de Bachillerato, pero con las asignaturas de Matemáticas y Física y Química de primero suspendidas. El alumno necesitaba a alguien que lo preparase, y dado mi esperanzador comienzo confiaba en mí.

Desde noviembre del año 2000 se fueron incorporando alumnos a mis clases particulares, hasta llegar en mayo de 2001 a unos doce en total. El alumnado estaba contento con mi trabajo, no así con el precio, que tampoco era muy elevado en aquel momento desde mi punto de vista, unas 1200 pesetas la hora para una persona sola, que equivalen a unos 7,21 €; había personas que se dedicaban a dar clases particulares a grupos de seis o más personas de diferentes niveles, pero cobrando muy poco. Yo particularmente no quería juntar a alumnos de diferentes niveles y para impartir diferentes asignaturas en una sola sesión. Generalmente, me tocaba impartir Matemáticas en la mayor parte de las ocasiones, pero también impartía a veces Física y Química, Biología, Sociales e incluso Lengua y Literatura a niveles básicos; he impartido todas las asignaturas, excepto Inglés. A pesar de la percepción de algunos padres por el precio —a algunos padres les parecía caro pagar 1200 pesetas por una clase de Matemáticas de una hora a un alumno, pero no les parecía caro pagar a un pintor más de 3000 pesetas—, mis clases particulares fueron un éxito.

CURSO 2000-2001

Había conseguido una buena prensa por las clases particulares, pues mis alumnos generalmente aprobaban. Los padres de los alumnos también estaban contentos con mi trabajo, especialmente los padres de aquel alumno de 2.º de Bachillerato, que al final aprobó las dos asignaturas, Matemáticas y Física y Química. Con este alumno, con el cual tenía amistad y nos llevábamos bastante bien, tuve que ponerme duro porque yo explicaba los temas, pero él ni estudiaba ni hacía los ejercicios que le proponía, que eran ejercicios que le iban a poner. Hizo el primer parcial de Matemáticas y lo suspendió, no así el de Física y Química. Los padres me transmitieron que quería dejar de estudiar, y yo les dije que iba a tomar medidas. Las medidas fueron que, una vez explicado un tema, en la siguiente sesión iba a tener un examen que, corregido y con la nota puesta, tenían que firmar los padres. Estas medidas surtieron efecto y el alumno aprobó el segundo parcial de Física y Química y el global de Matemáticas. Este hecho hizo que viniesen a mis clases más alumnos.

El curso académico 2000-2001 fue positivo no solo porque gané un dinero que me vino bien, sino porque se demostró que mi forma de enseñar era efectiva. Los alumnos aprendían mucho y me di cuenta de que en un futuro podía dedicarme a ello en los institutos de forma oficial. Por supuesto, no les dejaba relajarse un instante y ciertas peticiones de los alumnos, como hacer los deberes que les habían mandado en su instituto en mis clases, no las permitía; si querían, les explicaba el fundamento teórico, pero no les hacía sus deberes. Al final del curso 2000-2001, todas las partes, profesor, alumnos y padres, acabaron muy contentas.

3. Curso de Adaptación Pedagógica

El CAP (Curso de Adaptación Pedagógica) era un requisito imprescindible para presentarse a las oposiciones para el Cuerpo de Profesores de Enseñanza Secundaria, y en el año 2001 había mucha demanda. Actualmente hay que realizar un máster y se exige algún título que antes no se exigía, como el B1 de inglés. Tanto es así que había un plazo de preinscripción —aquel año, del 6 al 14 de septiembre—, con la solicitud había que presentar la fotocopia de DNI, título y expediente académico y, por último, debías ser admitido. El 19 de septiembre publicaron la lista de admitidos y yo estaba en ella. Hay que destacar que cada comunidad autónoma regulaba este curso a su manera en cuanto a las tasas de la matrícula —en La Rioja había que pagar unas 35 000 pesetas, y en Navarra, más de 80 000 pesetas— y duración —en La Rioja duraba el curso cuatro meses, y en Navarra, uno—, pero tenía la misma validez en todas las comunidades autónomas del Estado. Aunque había varias posibilidades, decidí matricularme en La Rioja.

En 2001 me matriculé a finales de septiembre, pagué la tasa y solo tenía que decidir en qué especialidad me matriculaba; en mis clases particulares ayudaba a los alumnos en matemáticas y física y química, fundamentalmente. Al final me decidí por la especialidad de matemáticas, ya que en las oposiciones ofertaban más plazas que en física y química.

Este curso perseguía lograr un doble objetivo:

1. Completar la formación inicial de los titulados universitarios que deseasen encaminar su actividad profesional a la docencia, incorporando a su conocimiento científico el específicamente profesional: aprendizaje, organización, atención a la diversidad, etc.

2. Obtener el Certificado de Actitud Pedagógica. El curso duraba cuatro meses, con comienzo en octubre y final en febrero. Había cinco asignaturas: Didáctica General, que trataba de cómo realizar una programación didáctica

y en qué había que basarse; Didáctica Específica, lo que se imparte de matemáticas durante las etapas de la ESO y Bachillerato; Diseño y Desarrollo del Currículo; Pedagogía, manera de enseñar con atención a la diversidad, porque con la llegada de inmigrantes se estaba generando otro estereotipo de alumnado, y Psicología.

Hay que destacar que en este curso no había exámenes y había que entregar trabajos propuestos por aquel equipo docente. Además de aprobar las asignaturas había que hacer unas prácticas de quince días en un IES (Instituto de Enseñanza Secundaria), entregar una memoria sobre ellas y era imprescindible un informe favorable por parte del tutor de las prácticas. La asistencia al curso era obligatoria, ya que con un 15 % de inasistencia no se podía obtener el título. En los trabajos no había nota numérica, sino una calificación dicotómica de apto o no apto.

4. El comienzo de un largo camino

Mi primer temario

Una vez realizado el CAP con la calificación de apto, me puse manos a la obra y encargué un temario. En el curso del CAP, recibíamos propaganda de academias y temarios para preparar las oposiciones y me decidí por comprar un temario a la academia CEDE (Centro Documentación Estudios y Oposiciones). Lo pedí para que me lo mandasen por correo ordinario y pagué unos 350 €. Era una de mis primeras compras en euros, puesto que se habían puesto en circulación el 1 de enero de 2002, ese mismo año.

El material para preparar las oposiciones constaba de doce tomos, seis de ellos correspondientes a los setenta y un temas de matemáticas (primera prueba), dos de problemas de matemáticas, que entraban en la segunda parte de la oposición si se aprobaba la primera prueba, y otros cuatro de la parte B de la primera prueba (temas de carácter didáctico y educativo en general).

Dos libros de mi primer temario en 2002

Estos libros no estaban bien encuadernados, prueba de ello era que los libros de la parte B estaban casi intactos (al año siguiente no valían, puesto que cambiaron la ley de educación, la LOGSE por la LOCE), puesto que fueron poco utilizados, mientras que los tomos referentes a problemas de matemáticas que habían aparecido en convocatorias anteriores se iban deshojando al poco de utilizarlos. Algunos tomos de los temas de matemáticas también acabaron deteriorados.

Los temas de matemáticas no eran amenos, eran demasiado largos e imposibles de desarrollar en las dos horas que duraba la prueba. Comencé a estudiar y noté que intentar memorizar los temas no era el mejor camino. Esos libros están bien de apoyo, pero lo mejor es desarrollar el tema estableciendo algún criterio o esquema para desarrollarlo más fácil.

En todas las oposiciones que me he presentado he echado mano de estos temas, pero más bien como material de apoyo, aunque sí que es verdad que los temas que trataban sobre los temas de historia de las matemáticas los he resumido, y si me hubiera tocado desarrollarlos en las pruebas de oposición, lo hubiese hecho.

En la convocatoria de oposiciones de ese año 2002, no salieron plazas ni en La Rioja ni en Navarra, solamente cinco plazas en Aragón. Como me costaba mucho avanzar en su estudio, decidí no presentarme a las oposiciones ese año.

UN RETO MUY COMPLICADO

Había realizado el Curso de Adaptación Pedagógica (CAP), me había comprado un temario y había comenzado a estudiar, pero lo más difícil estaba por hacer; es decir, obtener una buena calificación en una oposición para poder entrar en una lista de interinos para poder hacer sustituciones. A mediados de 2002 este objetivo estaba lejos de cumplirse porque no tenía un currículo amplio y tendría que obtener resultados en inferioridad de condiciones.

¿Por qué en inferioridad de condiciones? La respuesta a esta pregunta es muy sencilla: porque no había estudiado la licenciatura en Matemáticas, como la mayoría de los opositores o rivales, y en igualdad de condiciones es fácil que pudiese ser superado. Un hecho evidente que había que tener en cuenta, *a priori*.

Pero es más ciego el que no quiere ver, y el hecho de no presentarme a las oposiciones de ese verano no me abrió los ojos porque en las clases particulares convencía a los alumnos (clientes) y estaba con mucha moral e ilusión de que, en el peor de los casos, aprendiera mucho al estudiar el temario. La decisión de prepararme las oposiciones en la especialidad de matemáticas no convencía a todos mis antiguos compañeros y profesores de la época en que estudié Ingeniería (1991-1997). Me aconsejaban que era más lógico que me preparase oposiciones relacionadas con procesos de producción agraria o tecnología. Otro compañero de Logroño, también ingeniero, que también estudió la licenciatura en Enología, me dijo que en esos momentos me había metido en «camisas de once varas», porque era menos que imposible que pudiese competir en una oposición con los titulados en Matemáticas.

Con todo, tenía el precedente del CAP. Intentaba hablar de matemáticas con los compañeros del curso —que la mayoría eran licenciados en Matemáticas— en los descansos y no les gustaba; en cambio, en otros cursos que tuve posteriormente he hablado de matemáticas hasta la saciedad. Que no les gustase me dio a entender que al menos en ilusión por luchar para enseñar matemáticas no me iban a ganar, y quién sabía si a la hora de hacer los exámenes de oposición tampoco. También tenía el precedente de cuando comencé a estudiar en la universidad no habiendo estudiado COU previamente, sino FP, y con el tiempo conseguí el mismo nivel que los demás.

Resumiendo, era un reto imposible a corto plazo, pero trabajando y con ilusión era posible a medio o a largo plazo. Había que trabajar, tener paciencia y esperar.

5. Primera matrícula para una oposición

Después de realizar el CAP y empezar a estudiar para las oposiciones, como he mencionado en el anterior apartado, no me presenté ni me matriculé en ninguna comunidad en los meses de primavera. En otoño recibí un correo electrónico de CEDE, la academia a la que compré el temario, y su contenido era que en la comunidad autónoma vasca convocaban oposiciones. El plazo de inscripción era hasta finales de noviembre, hasta el puente de la Constitución y la festividad de la Inmaculada Concepción.

El 3 de diciembre fui por la mañana a hacer la matrícula a la capital de Euskadi, Vitoria-Gasteiz. Elegí matricularme en la delegación de Araba, aunque podría haberlo hecho en la de Bizkaia, con sede en Bilbao, o en Gipuzkoa, con sede en Donostia. Tuve que esperar en la sede de Educación de Araba, en la calle San Prudencio, había que coger número y esperar el turno.

Después de hora y media de espera, llegó mi turno. El oficinista me dijo que me faltaba rellenar algunas casillas. Una de ellas era el perfil lingüístico (de euskera) por el que me quería examinar: bien el primer nivel (PL1) o bien el segundo (PL2). Había que demostrar que se dominaba la lengua vasca tanto oralmente como por escrito antes de realizar las diferentes pruebas de la oposición en junio de 2003. En función del nivel que se superase, el opositor podría elegir diferentes plazas o vacantes: si el opositor aprobase el PL2, podría elegir cualquier IES independientemente del modelo que fuese (D, enseñanza de la asignatura solo en euskera; B, tanto en euskera como en castellano, y A, solo en castellano), y si aprobase únicamente el PL1, solamente podía dar cases en IES donde se ofertase el modelo A (cualquier asignatura se impartiría en castellano, excepto el euskera). Me matriculé para hacer los exámenes de PL1 (gramática, comprensión lectora, comprensión auditiva, expresión escrita y expresión oral). En ese momento estaba estudiando euskera en el *euskaltegi* de San Adrián, una localidad navarra que dista unos 17 km de Aldeanueva de Ebro. ¿Sería capaz de aprobar esos exámenes? ¿Qué significaría no aprobarlos?

UNA PEQUEÑA DECEPCIÓN

El 1 de marzo de 2003 me presenté en la capital alavesa al examen de PL1. Era un examen de gramática del euskera, pero había que aprobarlo para poder presentarme al siguiente.

Había muchas personas que se presentaban, pero estaba bien organizado, ya que sabíamos en qué aula debíamos entrar a hacer la prueba, pues en cada aula estaban ordenados los apellidos por orden alfabético y no había confusión posible. En cuanto a la prueba, había setenta preguntas tipo test, en cada una había cuatro posibles respuestas y solo una era correcta. Había que acertar, al menos, cuarenta y cinco. La duración del examen era de una hora, parecía que era un tiempo excesivo, pero una cosa es hacerlo en el *euskaltegi* y otra cosa es hacerla allí. Lo cierto es que había preguntas trampa, especialmente para los que habían aprendido euskera desde pequeños, un euskera familiar que hablaban en casa y entre amigos, no aceptado por Euskaltzandia, la academia de la lengua vasca. Para los que teníamos el castellano como lengua materna tampoco era fácil y había que llevarlo bien para aprobar el examen. Hice el examen y no tenía que esperar mucho para saber el resultado.

A la semana siguiente, en la página web de las oposiciones, con el DNI se podía saber el resultado. Comprobé el resultado y había acertado justamente la mitad, lejos de las cuarenta y cinco que pedían. Me acerqué a Vitoria-Gasteiz a ver el examen y me dijeron que no podía hacer el segundo. Esto significaba que, aunque aprobase las oposiciones y el concurso en el País Vasco, no lograría la plaza. Les pregunté si no había un plazo para aprobar los exámenes y me contestaron que era para los que habían aprobado en la anterior edición de las oposiciones, en 1993. Lo cierto es que con estas restricciones es muy difícil trabajar en la Administración vasca. No me presenté a las oposiciones en Euskadi en 2003, pero había que seguir luchando.

6. Un año para pensar en el futuro próximo (2003)

UN EMPLEO PARA REFLEXIONAR

En abril me llamaron por si estaba interesado en un trabajo que se había ofertado. Todavía estaba en la OPE, bolsa de empleo de la Universidad de La Rioja, y me llamaron desde su oficina. El trabajo consistía en hacer un estudio edafológico (un estudio de suelos) en el término municipal de Aldeanueva de Ebro. Este año no estaba estudiando mucho de cara a las oposiciones, ya que ese año no convocaban, y tampoco tenía muchos alumnos en mis clases particulares, por lo que acepté el trabajo.

Antes de empezar debía ir a Logroño a hacer un reconocimiento médico y me dieron un material laboral que parecía propio de un minero (cascos, botas…). Lo cierto es que me llamaron de la universidad, pero la verdad es que fue la empresa Tragsa la que me contrató, y la que subvencionó este trabajo fue la Consejería de Agricultura, Ganadería y Desarrollo Rural de La Rioja. En principio eran tres meses, con un sueldo pequeño para aquella época —unos 600 €— y mi rol que me esperaba era bastante secundario. Trabajaba con dos hermanas de Mendavia, que tenían solo una diplomatura, una Ingeniería Técnica Agrícola, y yo tenía una licenciatura y una diplomatura. Sin embargo, yo me encargaba de limpiar los perfiles y no intervenía en el estudio de los suelos de mi municipio, que es lo que me hubiese gustado.

Tampoco cumplieron con el contrato —no trabajé ni dos meses—, porque cuando la Consejería dejó de subvencionar el estudio era el primer damnificado, por lo que fui el primero que se fue. No fue una mala noticia y podía sacar algunas conclusiones.

Este trabajo, que fue el último relacionado con mi primera titulación, Ingeniería Técnica en Hortofruticultura y Jardinería, me hizo reflexionar:

no podía dejar de estudiar las oposiciones por encontrar un trabajo que no me iba a aportar nada, porque para ello tenía las tierras de mis abuelos y de mis padres. Hay que añadir la humillación de tener que estar al servicio de compañeras con menor titulación; ellas solo eran ingenieras y yo era licenciado en Enología e ingeniero. Este empleo me abrió los ojos e hizo que me tomara más en serio el estudio de cara a las oposiciones.

Un título académico inesperado

En los últimos años me había matriculado en un *euskaltegi,* el lugar donde los adultos pueden aprender euskera, de La Rivera de Navarra. No era un *euskaltegi* exactamente, sino que el Ayuntamiento de San Adrián (Navarra) habilitaba un par de salas para la enseñanza del euskera.

Durante el curso, el profesor de euskera, un profesor que dos años atrás era nuestro compañero de clase, pero que fue a Lazkao para sacarse el título, nos dijo que habíamos adquirido un nivel que era suficiente para obtener el nivel elemental de euskera, equivalente al tercer curso de la escuela de idiomas, y con posibilidades para obtener el superior (quinto curso).

Hicimos la matrícula para realizar las pruebas y los resultados fueron los que el profesor esperaba: todos los compañeros y compañeras que nos presentamos aprobamos el nivel elemental, pero suspendimos el superior. Las pruebas se realizaron cuando rescindí el contrato con la empresa Tragsa, en junio de 2003.

El título del nivel elemental daba puntos en las oposiciones y en una lista de interinos, no era una tontería lograr este título tan sorprendente como inesperado. Para obtener el título superior nos quedaba la convocatoria de septiembre, decidí ir al *barnetegi* ('internado' en euskera) para prepararlo. ¿Aprobaría en septiembre?

Curso de euskera en Lazkao

Tras el examen de euskera en la Escuela Oficial de Idiomas de Tudela, hice en julio la matrícula para estudiar en agosto euskera en Lazkao (Gipuzkoa).

Sacarme el título no era una tontería porque no solo me podía ayudar en esa ocasión en el tema de los puntos para cualquier oposición, podía incluso trabajar en la comunidad autónoma vasca si lo consiguiese. Hay que tener en cuenta que sin el título de EGA, título que acredita que la persona domina el euskera tanto oralmente como por escrito, no se podía trabajar en la Administración vasca. Hice la prueba y decidieron que mi nivel era de octavo; había doce niveles.

El 4 de agosto de 2003 fui por primera vez a Lazkao, concretamente al *euskaltegi* de Maizpide. Estaba dispuesto a cumplir las normas: no se podía hablar en castellano, excepto cuando se llamaba a casa. Me gustaban las clases y la convivencia fuera de ellas era muy buena, independientemente de las ideas políticas que tenía cada uno. Veía en los balcones de Lazkao muchas banderas *txuri-urdin,* banderas de mi equipo favorito, la Real Sociedad, que dos meses antes estuvo a punto de ganar la liga; esto hacía que me sintiese como en casa. Hicimos algunas excursiones, como al Museo de Chillida-Leku en Hernani, un museo de las obras del gran escultor donostiarra Eduardo Chillida. Los compañeros y compañeras eran funcionarios que necesitaban el título del euskera para poder trabajar, no faltaban profesores. ¿Les obligarían a tener el título para poder trabajar en los IES de la comunidad autónoma vasca?

Salí muy contento del curso, porque además de aprender mucho me lo pasé muy bien. Fue, sin lugar a dudas, una bonita experiencia.

EXÁMENES DE SEPTIEMBRE

En septiembre me presenté a los exámenes de la Escuela de Idiomas, pero no pude aprobarlos. Me presenté al examen escrito (*irakurmena* o comprensión lectora, *entzumena* o comprensión auditiva e *idazmena* o expresión escrita), aunque en la redacción la examinadora me dijo que había experimentado una mejoría con respecto a la redacción de junio. Esto me dio mucha moral y con el tiempo este *hobby* se podía convertir en algo mejor, porque el título de EGA o de la Escuela de Idiomas me pudiera dar un puesto de trabajo en una zona tan bonita como Euskadi e incluso podía presentarme a las oposiciones en un futuro, como ya me matriculé en 2002.

Primeros cursos homologados

Poco a poco fui recopilando datos y detalles sobre las oposiciones. Estaba claro que no solamente se trataba de superar las pruebas de la oposición (fase de oposición), sino también superar la fase de concurso.

Los interinos que llevaban tiempo en la enseñanza cubriendo sustituciones y cogiendo vacantes antes de iniciar cada año académico ya tenían los suficientes puntos para, cuando aprobasen la oposición, conseguir la plaza. En cambio, los novatos en las oposiciones sin experiencia docente debían tener otros parámetros que puntuar, como titulaciones en la Escuela de Idiomas o unos cursos homologados del departamento de Educación, de lo contrario no tenían ninguna posibilidad de obtener una plaza.

Hasta aquel entonces tenía las titulaciones universitarias, la Ingeniería Técnica en Hortofruticultura y Jardinería y la licenciatura en Enología, que junto con el CAP no valían más que para poder presentarse en las oposiciones. También había hecho algún curso de peritaje con el Colegio de Ingenieros Técnicos Agrícolas de Navarra y de La Rioja, al que pertenecía. En cuanto a títulos de la Escuela de Idiomas tenía el nivel intermedio de euskera, pero tampoco valía como méritos para la fase de concurso, podían ser válidos para obtener vacantes como interino una vez que estaba metido en listas o bien para un concurso de traslados una vez conseguida la plaza.

Entonces, ¿cuáles eran los cursos homologados válidos? Me informaron que eran unos cursos homologados por el Ministerio de Educación y organizados por los CPR (centros de profesores). En La Rioja, los únicos que había en aquel entonces eran dos, los CPR de Calahorra y de Logroño. A mí el que más me interesaba era el de Calahorra.

En septiembre de 2003 me informé en el CPR de Calahorra de los cursos que había y eché la solicitud en dos, inglés y Excel para educadores, ambos de treinta horas de duración. Había que tener en cuenta que para que los cursos tuviesen lugar debía haber un mínimo de apuntados y que, de haber un exceso de apuntados, seleccionarían primero a los profesores que estuvieran trabajando en los IES. Tuve suerte porque me seleccionaron en los dos cursos, el de inglés para realizarlo de septiembre a noviembre y el de Excel para educadores, de noviembre a febrero de 2004. Además, eran de treinta horas, que daban más puntos.

El primer curso supuso mi primer contacto con el inglés, ya que había estudiado francés tanto en el colegio como en el instituto. Fue una buena experiencia, pero a veces me sentía incómodo cuando me tocaba hablar en inglés, porque mi pronunciación era muy mala. En el curso de Excel para educadores, en cambio, me sentía mejor, ya que había trabajado con Excel en mis anteriores estudios. La única traba que encontré fue que no pude ir a algunas sesiones y faltó poco para no homologármelo.

UNA OPORTUNA DECISIÓN

En el mes de agosto, durante mi estancia en Maizpide, *euskaltegi* de Lazkao, conocí a una simpática burgalesa, de Aranda de Duero, concretamente. Nos llevábamos muy bien y posteriormente quedábamos de vez en cuando. En la Universidad de La Rioja, ella era orientadora y trabajaba en La Rioja, en esos momentos en el **IES Bartolomé de Cossío** de Haro. Cuando quedamos me explicaba en qué consistía la que en esos momentos era la nueva ley de educación, la **Ley Orgánica 10/2002 de Calidad de la Educación** (LOCE), y como la LOGSE ya había sido derogada, me insistió en que los temas de la parte B que había comprado el año anterior ya no valían.

Sin pensarlo dos veces, con su permiso hice fotocopias de esos apuntes, que eran de la academia Magister de Madrid, y los empecé a estudiar. Ya en noviembre, volvimos a quedar por última vez antes de un hecho, la compañera me confirmó que en el año 2004 iban a convocar oposiciones y si quería hacer algo en ellas debía ir a una academia a que me preparasen. Le pregunté si había alguna que me pudiese preparar para los temas de matemáticas también, ya que desde que había comenzado a estudiar en 2002 no había avanzado mucho, cosa normal por los apuntes que había adquirido y porque tenía mis carencias al no ser licenciado en Matemáticas. Me contestó que si pudiera ir a Madrid sería mejor, porque para empezar a estudiar de cara a las oposiciones era ideal y me podría enterar de primera mano de todas las novedades del sistema de selección —que en ese momento estaban siendo muchas—. Teniendo en cuenta que en el distrito de Hortaleza vivían unos amigos de mis abuelos, contacté con ellos y allí me fui. ¡Fue una oportuna decisión! De otra manera, hubiese estudiado muchas horas en vano. Al igual que la compañera, me matriculé en la academia Magister.

7. Preparación de las oposiciones en la academia Magister

COMIENZO EN LA ACADEMIA MAGISTER

Esta academia estaba situada cerca de la boca de metro Cuatro Caminos, por lo que tuve que hacer dos trasbordos, uno en Mar de Cristal y el otro en Nuevos Ministerios. Era un curso desde septiembre hasta finales de junio, pero los que nos incorporábamos, a medida que avanzaba el curso, debíamos pagar la parte proporcional. No recuerdo ahora cuánto pagué, pero la verdad es que no era muy caro.

Para la preparación de las oposiciones en la especialidad de matemáticas, teníamos todos los lunes desde las 16:00 horas hasta las 21:00 horas, en dos sesiones con dos profesores diferentes, de un poco más de dos horas cada una con descanso de unos treinta minutos. Por una parte, con una profesora que nos ayudaba, en principio, a preparar los temas específicos de matemáticas y, por otra, con un profesor con el que solíamos hacer problemas. Al principio me sentía un poco perdido, pero al mismo tiempo con más moral al comprobar que en casa, no sin trabajo, podía resolver problemas propuestos por el profesor del segundo turno. También los temas los podía preparar mejor con los apuntes proporcionados por Magister.

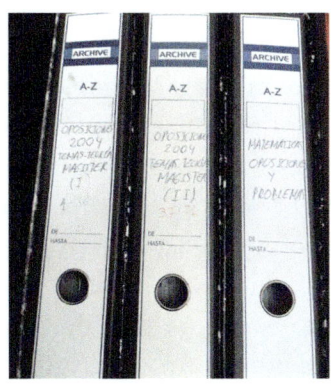

Apuntes de la academia Magister

El profesor del segundo turno destacaba que ir a las academias tenía dos ventajas importantes: se trabajaba la destreza o habilidad para resolver los problemas, pero sobre todo se tenía la posibilidad de practicar la exposición de cara a la última prueba (la encerrona). Yo era consciente de ello y siempre que podía me ofrecía voluntario —había muchos compañeros que no querían—, aunque los principios no fueron buenos. Me preparaba a conciencia mi exposición, pero a la hora de la verdad, siempre fallaba. Hay una frase del citado profesor toledano que resume muy bien lo que fueron mis primeras exposiciones en la academia: «Crees que te lo sabes».

Cada dos semanas teníamos clase de los temas del temario B, concretamente los jueves, a pesar de no tener claro el temario definitivo de las oposiciones de 2004. Por lo tanto, una semana íbamos solo los lunes —por lo tanto, el martes volvía a La Rioja— y otra semana íbamos lunes y jueves —entonces volvía los viernes—.

COMIENZO DEL AÑO 2004 EN MAGISTER

En el mes de enero no cambió mucho la situación con respecto a noviembre y diciembre del año anterior; es decir, trabajamos en la academia de la misma manera. Ya a partir de febrero hubo cambios:

a) No gustaba la profesora preparadora de oposiciones que impartía en el primer turno de los lunes, especialmente las compañeras madrileñas estaban muy descontentas. Sus razones, desde mi punto de vista, eran discutibles, porque se le dijo que se centraría más en los problemas y no en desarrollar los temas, cosa que inmediatamente hizo. A mí personalmente me venía bien que comentara los temas, porque con estas clases los entendía mejor y hacía unos resúmenes de los temas muy personalizados, casi listos para desarrollarlos en caso de que apareciesen en las oposiciones; ya por aquel entonces tenía esquematizados más de diez. Había que adaptarse y respetar lo que decía la mayoría, pero el problema no se solucionó porque posteriormente las compañeras se quejaron de que la profesora seleccionaba problemas muy fáciles y que raramente aparecían en los exámenes de oposiciones. Sin embargo, el profesor toledano que impartía el segundo turno de los lunes era muy bien valorado y recibía muy buenas críticas.

b) La sesión de los jueves cambió, no de día, sino de forma de impartir la clase, porque no se sabía qué iba a pasar, había rumores de que el opositor no se iba a examinar del temario B en las siguientes oposiciones y debía hacer la defensa de una programación. El preparador se puso manos a la obra y comenzó a impartir el marco teórico de una programación didáctica. Siempre estaba pendiente en internet por si había algún cambio para comunícanoslo.

Había también rumores acerca de otras comunidades autónomas, se comentaba que iban a blindar las listas en Castilla-La Mancha, es decir, que si eso era cierto, los nuevos opositores iban a tener muy difícil trabajar allí, por lo que se esperaba una invasión de opositores en Madrid. También cabía la posibilidad de que viniesen opositores procedentes de otras comunidades autónomas con lengua cooficial (euskera, catalán, valenciano o gallego), al no tener el título exigido para presentarse en ellas, pero en Madrid se podían presentar. ¡Parecía una invasión inevitable!

Si el mes de febrero fue un mes de cambios, un acontecimiento en Madrid en el mes de marzo traería todavía más modificaciones a la hora de trabajar.

UN ACONTECIMIENTO QUE CONDICIONÓ ESAS OPOSICIONES

La semana del 8 al 14 de marzo fue un antes y un después en la convocatoria de oposiciones de 2004. Esa semana solamente teníamos clase en Magister el lunes 8 de marzo y nadie podía imaginar que un acontecimiento podía condicionar tanto estas oposiciones. El 11 de marzo, un día que no tuvimos clase, ocurrió en Madrid un hecho histórico: los atentados del 11 de marzo, en los que fallecieron ciento noventa y tres personas.

Fue un atentado brutal, en un principio se pensó que lo había cometido ETA. Todos los políticos que estaban en campaña electoral condenaron el atentado y no dudaban de que era ETA, excepto la izquierda *abertzale*, que condenaba, pero aseguraba que no era ETA de ninguna manera. Cuando pasaban las horas, la prensa internacional afirmaba que la autoría del atentado no era de ETA, sino de Al Qaeda, y el tiempo les acabó dando la razón. Al día siguiente los portavoces del Gobierno del PP (Partido Popular) informaban a los medios de comunicación y a la ciudadanía que había sido ETA sin lugar a dudas, mientras el resto de fuerzas políticas daban por buena la información que provenía del extranjero.

¿Por qué se le daba tanta importancia a la autoría de ese atentado? La respuesta a esa pregunta era sencilla: había elecciones generales el 14 de marzo, y si la ciudadanía creía que había sido la organización vasca, el partido de la gaviota salía muy reforzado en las urnas, pero si por el contrario se demostraba que había sido Al Qaeda, el votante neutro iba a relacionar el atentado con una represalia de los talibanes por la intervención de España en la guerra de Irak y el PP saldría damnificado. Las elecciones se celebraron y el Partido Popular pasó de tener una mayoría absoluta a perder las elecciones. Como consecuencia, el PSOE, fuerza política más votada en esas elecciones, logró formar Gobierno con mayoría simple poco después, el 2 de abril. Esto provocaría que poco después hubiese muchos cambios en el país en muchos ámbitos, y en educación no iba a ser una excepción.

El 15 de marzo, el día siguiente a las elecciones, fui a Madrid de nuevo y en el viaje de ida me paró la Guardia Civil y me hizo abrir el maletero. La cosa estaba todavía muy caliente. Por la tarde, ya en Magister, nos habíamos enterado de que un compañero nuestro —compañero de academia, no de clase— había fallecido en el atentado, y nuestra profesora del primer turno, una profesora muy discutida, nos dijo que el fallecido la ayudaba mucho a la hora de regular la temperatura del aula. Si la semana anterior, del 8 al 14 de marzo, solo tuvimos clase el día 8, esa semana tuvimos clase dos días, el 15 y 18 de marzo, y el día 18 nos esperaban novedades. El profesor que nos daba el contenido del temario B nos anunció que un cambio de Gobierno podía traer muchas novedades en esa convocatoria de oposiciones. ¿Qué cambios y qué novedades podía haber?

Influencia del 11-M en la educación

Después del acontecimiento del 11-M y como consecuencia, el regreso del PSOE al Gobierno cambió la normativa por completo: tanto la convocatoria de oposiciones como las instrucciones para el curso siguiente (2004-2005) no se iban a desarrollar de la manera que se preveía antes del 11 de marzo. No se derogó la LOCE, pero sí se derogó el **Real Decreto 827/2003, de 27 de junio**, un real decreto por el cual se establecía el calendario de aplicación de la nueva ordenación del sistema educativo, establecida por la **Ley Orgánica 10/2002, de 23 de diciembre, de Calidad de Educación**, la LOCE. No se derogó la LOCE, pero al derogar el real decreto que regulaba el calendario de aplicación no se pudo desarrollar, era como si a efectos prácticos se hubiese derogado. La mayor consecuencia de este cambio de Gobierno fue que la LOGSE fue la que reguló la enseñanza secundaria en los siguientes años y en ese mismo 2004, por supuesto.

El profesor de los jueves en la academia Magister que nos impartía la parte común del temario (temario B) nos adelantó —no era todavía oficial, pero había algún borrador— que no íbamos a tener un examen de estas características, sino que ya había que defender una programación didáctica de un curso y una unidad didáctica perteneciente a dicha programación. Como consecuencia, todo lo que habíamos estudiado de cara a la parte común no valió para nada, porque esa prueba sobre el temario B no iba a tener lugar, había que centrarse en la programación. No había que culpar a nuestro profesor de los jueves de nada, porque ese cambio que se produjo era una variable que no se podía controlar.

De manera rápida nos dieron una programación de 3.º de ESO. Yo les pedí a los profesores una de 2.º de Bachillerato, que era el nivel que más me gustaba porque de esa manera no tenía que hablar tanto de medidas de atención a la diversidad, pero me dijeron que la academia solo había hecho una por especialidad y con esa tendríamos que trabajar. Podíamos utilizarla, pero no nos lo aconsejaban, ya que se podía defender mejor una que hiciese uno mismo. Con todo, en el resto del curso trabajamos mucho tanto con la programación como con la unidad didáctica, pero sabiendo que para poder defenderlas había que aprobar una primera prueba en la oposición, el desarrollo del tema y los problemas. ¿Hubo posibilidad de defenderlas?

CONVOCATORIA DE OPOSICIONES

Los acontecimientos del 11-M en Madrid hicieron demorar las convocatorias de oposiciones en ese año. A principios de abril se abrieron los plazos para matricularse en las oposiciones en las distintas comunidades autónomas, presentando las solicitudes junto a los méritos (cursos de formación homologados por el Ministerio y títulos de las Escuelas Oficiales de Idiomas). La primera cuestión era en qué comunidad autónoma me presentaría; históricamente, se demostraba que era fácil que coincidiesen todas el mismo día y a la misma hora, aunque algún año hubo alguna excepción y no coincidieron. ¿En 2004 se iba a repetir la historia? Durante el mes de abril habían convocado en casi todas ellas, se publicaban en los boletines oficiales de cada comunidad autónoma, pero las que más me interesaban, como La Rioja y Navarra, no salieron. En Aragón salieron solamente cinco plazas; no había que olvidar, como nos había dicho el profesor toledano del segundo turno de Magister, que Aragón está formado por tres provincias: Huesca, Zaragoza y Teruel. Seguramente, para empezar a trabajar debiera hacerlo o en el Pirineo oscense o bien en un pueblo perdido de Teruel. Dadas las circunstancias, decidí matricularme en la Comunidad de Madrid, que era el lugar donde estaba preparando las oposiciones, y en la comunidad de Castilla y León. ¿Coincidirían el mismo día?

No era necesario ir a la sede de Educación para matricularse. Sin embargo, en Madrid aproveché una semana que tenía clases lunes y jueves para presentar la solicitud en la misma sede de Educación, en la calle Vitruvio n.º 2, concretamente el martes 20 de abril, mientras que para Castilla y León lo presenté en una oficina de registro de Logroño en la siguiente semana.

Justificante de matriculación en las oposiciones de Madrid 2004

En las bases de la convocatoria se podía observar que la primera prueba, la prueba práctica (problemas de matemáticas), valía un 60 %, y el desarrollo del tema, un 40 %.

Últimas sesiones en la academia Magister

Durante los meses de mayo y junio, los compañeros y, principalmente, las compañeras estaban muy nerviosos. La profesora de la primera sesión de los lunes seguía sin convencer y ya se planteaba seriamente hablar con los responsables del departamento de Recursos Humanos para que tomase medidas. Como he descrito anteriormente, no me gustó el hecho de cambiar los contenidos de la clase —se pasó de preparar los temas en esa sesión a dedicarla a trabajar los problemas de matemáticas— porque para personalizar los temas me ayudaba mucho. Las compañeras insistían en los descansos en que la profesora trabajaba problemas muy fáciles comparados con los que se podían encontrar en este tipo de pruebas de oposición en la especialidad de matemáticas. Lo que no me gustó lo dije en la propia clase, yo no me cortaba un pelo. Por ejemplo, un día al explicar las integrales, quiso calcular la función primitiva en dos funciones sencillas, que eran de nivel de 2.º de Bachillerato. Yo le dije que no era necesario para poder hacer ejercicios más complicados, pero como nadie dijo nada las calculó. Lo cierto es que hizo muchos problemas sin saber si eran de oposiciones o no, por lo menos no aparecían en la colección que teníamos. Realmente no sé hoy en día si se preparaba los problemas que consideraba oportuno o/y los problemas típicos de oposición no los sabía hacer. Lo cierto es que las compañeras, en un descanso, fueron a hablar con el director de la academia y pusieron una queja, pero ya no tuvo ningún efecto.

Durante estos dos meses finales noté que había progresado mucho a la hora de resolver los problemas y de explicar los temas. Este hecho fue reconocido especialmente por el profesor toledano, el profesor del segundo turno de los lunes, al realizar las últimas exposiciones de los temas. Me decía que había evolucionado positivamente en las exposiciones y que me veía con más confianza. También algún compañero con experiencia —teníamos compañeros que eran profesores de Matemáticas en las universidades de Madrid— me decía que las dudas que preguntaba en clase en mayo de 2004 no tenían nada que ver con las que preguntaba en diciembre de 2003. En diciembre de 2003, toda la clase veía que no entendía el problema desde el principio; sin embargo, en mayo de 2004, lo que preguntaba era una duda puntual y sabía cómo se hacía. El trabajo realizado estaba dando sus frutos y el hecho de ir a esa academia fue todo un acierto, pero ¿sería suficiente para aprobar al menos el primer examen?

8. Primera oposición (2004)

DÍAS PREVIOS A LOS EXÁMENES DE OPOSICIÓN

El 21 de junio de 2004 fui a Madrid para quedarme casi toda la semana. Hay que tener en cuenta que la primera prueba global era el 25 de junio y no tenía mucho sentido después de la clase del lunes 21 ir a casa al día siguiente (22 de junio) para luego volver a Madrid la víspera del examen, por lo menos así lo valoré. El 21 de junio fui por última vez a clase en la academia Magister, allí seguimos practicando los problemas, nuestros profesores nos aconsejaban que la última tarde, al menos, no comenzáramos a trabajar algo nuevo y, si era posible, nos lo tomáramos con relax. La profesora que había sido cuestionada nos dijo una predicción: «Tengo una corazonada y os va a tocar desarrollar el tema 36 ("La razón áurea")». Lo cierto es que no se cumplió, al menos en el IES que hice la prueba, el **IES Ramón y Cajal**.

Los días posteriores fui a estudiar a la Biblioteca Pública Hortaleza, tanto por la mañana como por la tarde, muy cerca de donde me hospedaba. Hubo una excepción: la mañana del miércoles había quedado con varios compañeros de la academia para ver el IES Ramón y Cajal, que estaba relativamente cerca, a 3 km, y de paso observamos que había una hoja con los datos de la oposición (quiénes estábamos convocados, fecha, hora…). Estaba todo preparado.

La tarde anterior no fui ni a la biblioteca ni al instituto, sino a la Casa Vasca, sede de la peña de la Real Sociedad de Madrid, a relajarme y a pasar la tarde. ¿Sería una buena idea?

EXÁMENES DE OPOSICIÓN DE 2004

El 25 de junio de 2004 tuvo lugar la primera fase de las pruebas de oposiciones para el Cuerpo de Profesores de Enseñanza Secundaria, en la especialidad de matemáticas, en la Comunidad de Madrid. A mí me correspondía en el IES Ramón y Cajal, cerca del hospital con el mismo nombre, y allí comenzó mi andadura en el mundo de las oposiciones.

En la sesión matutina tuvo lugar la parte práctica de la primera prueba, que eran los problemas matemáticos; no hay que olvidar que valían un 60 % del total de toda esta primera prueba eliminatoria. Esta prueba se dividió en dos sesiones de dos horas de duración cada una, en las que hubo que hacer frente a tres problemas por sesión. Cuando vi el primer examen, comprendí la dificultad que llevaban. Me había preparado bien, pero estaba todavía inmaduro: el planteamiento de los problemas no era malo, pero no conseguía llegar al algoritmo adecuado que me diera la solución de los problemas. En esta primera prueba no punté mucho y, en general, la mayoría de los opositores tampoco. El segundo examen, después de un receso de media hora, fue mejor porque de los tres, uno sabía resolverlo, pude comprobarlo porque había que hallar dos parámetros y al sustituir los valores numéricos se verificaban las condiciones del problema; el resto ni olerlos. Pero el segundo examen práctico, mejor que el primero.

En la sesión vespertina, tuvimos que desarrollar un tema del temario, que constaba de setenta y un temas. Una mano inocente sacaba dos bolas numeradas de las setenta y una posibles, y había que desarrollar uno de los dos temas durante dos horas. Salieron el 61, «desigualdad de Chevichev», y el 70, «lógica proposicional». Yo salí contento del sorteo porque el tema 61 lo había trabajado y lo desarrollé bien, sin llegar a hacerlo perfecto.

RESULTADOS DE LAS OPOSICIONES 2004

El 25 de junio había realizado la primera prueba eliminatoria de la oposición. El resultado dependía, además de mi propia actuación, fundamentalmente de dos factores: criterios de corrección de los miembros del tribunal y el nivel mostrado por los opositores. Si los opositores en general habían hecho muy bien las pruebas, las calificaciones tenderían a la baja, y viceversa. Sabía que en el tema había respondido, pero en los problemas no. Había que esperar.

A partir de la semana siguiente había que preparar la programación y las unidades didácticas, por si aprobase. No hubo noticias en la primera semana de julio, pero sí en la segunda. Un día de la segunda semana, el dueño del piso en que me hospedaba me llamó diciendo que había suspendido; todos los días se acercaba al **IES Ramón y Cajal** a preguntar. Fue un golpe duro, pero había que encajarlo.

A finales de julio recibí una carta procedente de la sede de la Consejería de Educación de la Comunidad Autónoma de Madrid. La carta detallaba mis calificaciones en las pruebas:

– Nota del desarrollo del tema (Nt): 6,74
– Nota de la prueba práctica (Np): 3,26

Para calcular la nota había que tener en cuenta las ponderaciones indicadas en la convocatoria de esta oposición: el 40 % valía el desarrollo del tema, y el 60 %, la prueba práctica. Así las cosas, la nota de la primera prueba (N1) se calculaba con la siguiente fórmula:

$$N_1 = 0{,}4 \cdot N_t + 0{,}6 \cdot N_p$$

Sustituyendo valores:

$$N_1 = 0{,}4 \cdot 6{,}74 + 0{,}6 \cdot 3{,}26 = 4{,}652$$

Mi calificación en la primera prueba de la oposición fue 4,652, y al ser menor que 5, no pude hacer la segunda prueba y estaba descartado para ocupar una de las ciento diez plazas que ofertaban.

VALORACIÓN DEL RESULTADO

En primer lugar, salí perjudicado por las ponderaciones de la convocatoria, porque si cada prueba hubiese valido un 50 %, habría obtenido un 5 y habría pasado a la siguiente fase de oposición, amén si se hubiesen valorado al revés o darle más valor al desarrollo del tema, habría aprobado más holgadamente.

En cuanto a los exámenes realizados, tengo que decir que, en los problemas, quizá debería haber hecho algo más, pero los problemas no eran fáciles. Me supo a poco la calificación del desarrollo del tema (6,74), porque, aunque no lo había hecho perfecto, había desarrollado todas las partes del título del tema poniendo ejemplos en todas ellas y haciendo alguna demostración para obtener fórmulas.

La valoración de mi debut en las oposiciones fue más que positiva. La nota de 4,652 era más que aceptable para ser la primera vez. De los más de mil opositores que nos presentamos, estaba clasificado entre los doscientos primeros; habían pasado muy pocos. ¿Sería suficiente para poder trabajar? ¿Podría hacer alguna sustitución?

9. Final de 2004

VUELTA A MADRID POR UN DÍA

Sucedió en la segunda mitad del mes de noviembre de 2004, la persona que se encargaba de cultivar mis viñedos; Francisco Javier Ibáñez Mazo, me dijo que había un autobús para ir a Madrid a una manifestación organizada por el sindicato ASAJA (Asociación Agraria de Jóvenes Agricultores) para protestar por la situación de aquel momento en el sector agrícola y ganadero, y que si quería ir había hueco en el autobús, y además gratis. Yo acepté. Al fin y al cabo, desde la primera prueba de la oposición no había estado en Madrid, aquel 25 de junio. El 24 de noviembre de 2004, hacia las 4:30 horas, partimos desde nuestra localidad natal, Aldeanueva de Ebro. A mitad de camino paramos a la altura de Medinaceli para almorzar, sacaron varias barras de pan con embutido y queso. Ya para las 9:00 horas estábamos en el centro de Madrid, que era el lugar de la manifestación. Una vez allí, la verdad es que pasé de la manifestación y me fui a la Consejería de la Comunidad de Madrid a informarme sobre cómo se realizaban los llamamientos para hacer las sustituciones. Lo primero es lo primero.

Tenía referencias de cuando fui a matricularme para las oposiciones, sabía que había ido hasta la estación de metro República Argentina, así que miré el plano del metro y estudié la ruta hasta llegar allí. Tuve también que comprar otros billetes nuevos, puesto que los viajes que me quedaban de la anterior ocasión ya habían caducado. Llegué a la sede de Educación, en la calle Vitruvio, y pregunté sobre las listas de interinos. Me indicaron una página web donde se publicaban los llamamientos y las zonas de donde eran llamados los interinos para hacer sustituciones. ¿De dónde eran llamados? El oficinista que me atendió me informó que la Comunidad de Madrid, en el ámbito de Educación, se dividía en cinco zonas —también se hablaba de mapa territorial—: Madrid capital, con sede en la calle Vitruvio n.º 2; Madrid este, con sede en Alcalá de Henares; Madrid norte, en San Sebastián de los Reyes; Madrid oeste, en Collado Villava, y Madrid sur, en Leganés. El oficinista me atendió muy bien y me dio un plano con todas las zonas. Me aclaró que cuando me tocase hacer una sustitución aparecería la zona que me correspondía al lado de mi nombre. Una vez que compareciera el día y a la hora indicados en esa sede, me informarían en qué instituto debía hacer la sustitución. Esta información la podría haber tenido llamando por teléfono, por ejemplo, pero desde luego era mejor así, cara a cara.

El resto de la mañana, anduve por la zona alrededor de la boca de metro Sevilla, al lado del Congreso de los Diputados, y posteriormente cogí el metro para ir a la estación del parque de Santa María, en el barrio Hortaleza, para comer. Ya había avisado a los amigos de mis abuelos de que iba a ir. Después de comer me fui al centro de reunión para salir hacia La Rioja a las 17:00 horas. Había sido una buena experiencia, aunque a la vuelta algún agricultor del pueblo me echase en cara el hecho de no estar en la manifestación.

10. Año 2005, un año con problemas de salud

DIAGNÓSTICO DE UNA ÚLCERA

Al comienzo de este año tenía la esperanza de que me llamaran para hacer una sustitución en algún instituto de la Comunidad de Madrid, circunstancia que al final no sucedió; el llamamiento no iba a ser inmediato porque estaba muy mal colocado en la lista. Quería preparar las oposiciones del 2006, tratando de preparar los temas mejor y trabajar los errores cometidos en los problemas de la oposición del 2004 en Madrid.

La noche del 25 de enero tuve una crisis. No me encontraba bien, me mareaba e iba al baño y observaba que al defecar salían unas heces líquidas pero negras. Mi abuela, que dormía en la habitación contigua, llamó a mis padres y al médico de cabecera. Pronto vinieron y decidieron llevarme a la Fundación Hospital de Calahorra.

En primer lugar, me llevaron a urgencias y me ingresaron. El médico me dijo que era imprescindible que me hiciese una endoscopia para detectar qué tenía y me preguntó si me mareaba. En ese momento no sentía nada raro, pero media hora después me desmayé. Me llevaron a una sala para hacerme una endoscopia urgente porque estaba sangrando. Cuando desperté ya me la habían hecho y me llevaron a una sala de cuidados intensivos, donde me suministraron sangre durante tres días. Tenía una úlcera de duodeno y debía seguir un tratamiento. Estuve más de una semana en el hospital. El año no comenzó de la mejor manera posible, pero conseguí superar un momento delicado en mi vida.

Un problema con la obesidad

Durante mi juventud y mi adolescencia no tenía ni siquiera sobrepeso, pero durante mi etapa universitaria (1991-2000) ya empecé a coger algunos kilos, superando los ochenta, que para tener menos de treinta años y medir menos de 1,70 metros ya era mucho, pero no le daba la más mínima importancia. Al comienzo del siglo XXI, mi masa era mayor de noventa kilos y comenzaba a ser preocupante. No hacía deporte, cada vez comía más y peor, con cenas copiosas los fines de semana, dieta desequilibrada con muchas carnes grasas, nada de pescado y casi nada de frutas y verduras. Los problemas con la obesidad se iban acentuando paulatinamente, hasta el punto de no poder alentar cuando me ataba los zapatos. Había comenzado a pasear, pero el peso no bajaba. ¿Cuál iba a ser la solución?

Antonio Garrido Martínez, un amigo íntimo desde que estudiábamos en el **Colegio José Luis Arrese**, me aconsejó ir a una consulta dietética en Rincón de Soto, puesto que él había perdido algo de peso. La consulta estaba en una herboristería, a donde venía una dietista de San Adrián dos veces a la semana. ¿Cómo iba a resultar? ¿Merecería la pena?

A finales de octubre de 2005 comencé a ir a la consulta, y el primer día que pisé su báscula fue escandaloso, porque marcaba noventa y ocho kilos. Había mucho que perder. La dietista recomendaba comer mucha lechuga, borraja, leche de soja —pero había un matiz, porque debía ser de la tienda— y no recomendaba fruta, pero sí que comprásemos vitaminas de la herboristería. Fui a la consulta dietética hasta junio de 2006 y perdí más de veinte kilos con respecto a la primera pesada de octubre de 2005.

11. Primera mitad del año 2006

La sustitución frustrada

El año comenzó con novedades: me había comprado un nuevo coche en enero, un Fiat Punto concretamente, y la lista para hacer sustituciones avanzaba con mayor celeridad que el año anterior. El llamamiento para hacer mi primera sustitución era cuestión de tiempo. El 6 de febrero por la mañana miré en la página de Educación de la Comunidad de Madrid y observé mi número en la lista, el 480, con mi nombre y con otros datos adicionales. Debía presentarme en la sede de Educación en la calle Vitruvio n.º 2 a las 9:00 horas, y además se sabía que la sustitución iba a ser en Madrid capital, no en algún otro punto de la comunidad autónoma madrileña, como Somosierra, Navalcarnero, Alcalá de Henares o San Martín de Valdeiglesias.

Preparé la maleta y esa misma tarde partí hacia Madrid. Me hospedé, como siempre, en el piso de Hortaleza donde vivían unos amigos de mis abuelos, a esperar acontecimientos. Al día siguiente, me levanté muy temprano. Ya sabía el camino para ir a la calle Vitruvio, la sede del Departamento de Educación. Debía coger en parque de Santa María la línea 1 hasta avenida América, y de ahí coger la línea 6 hasta República Argentina.

Una vez allí, hubo que esperar y pasar unos controles. Ya en la oficina, escuché que les decían a los que me precedían, a quienes les había tocado fuera de Madrid capital, que las sustituciones eran de poco tiempo, como a un gallego que le tocó hacer una sustitución de tres días. Eso no ayudaba a controlar los nervios.

Al fin me llegó el turno. Me confirmaron que me tocaba en la zona de Madrid capital y me concretaron que iba a ser en el **IES Isabel la Católica**, en el distrito de Retiro, y que iba a ser una sustitución larga, puesto que la sustituida padecía una larga enfermedad. Me debía incorporar ese mismo día, pero faltaban algunos trámites, como presentar en el plazo de quince días el título universitario que habilitaba a hacer la sustitución. Les pregunté qué título debía presentar, el de Ingeniería Técnica Agrícola o el de la licenciatura en Enología, y me contestaron: «Perdone usted, no puede hacer esta sustitución». Yo les pedí que me explicaran por qué, y me dieron una lista de titulaciones en la que no estaba ninguna de las que tenía. Les pregunté por qué estaba en lista si en realidad no podía hacer esa sustitución, y me contestaron que fuese al edificio de Recursos Humanos, situado cerca del Paseo de la Castellana. Me dijeron hasta dónde tenía que coger el autobús.

Fui a Recursos Humanos, a intentar solucionarlo, pero mi frustración creció todavía más. Me dijeron que no estaba capacitado para hacer esa sustitución por no tener un título universitario afín a la asignatura de Matemáticas y no aprobar el primer examen de la oposición (4,6). Les pregunté por qué, si yo estaba inhabilitado para hacer la sustitución, los opositores que habían obtenido una calificación inferior a un 2 no lo estaban, y me contestaron que era lo que marcaba la ley. También les pregunté cómo era posible estar en las listas para hacer sustituciones si no estaba habilitado. Según ellos, esa circunstancia la debería saber de antemano y me insinuaron que por qué no me había presentado a la especialidad de procesos de producción agraria. Con una gran frustración abandoné la sede de Recursos Humanos, olvidándome el carnet de identidad; luego me llamaron por el móvil para que volviese a por él.

Y después de eso, ¿qué? Pues decidí no decírselo más que a los más cercanos, a pocas personas, familiares y amigos, y llegué a la conclusión de que no era el momento de volver a casa. Fui a pasar unos días al Valle del Jerte (Cáceres), donde tengo a unos amigos que venían a Aldeanueva de Ebro a finales de los 80 y principios de los 90 a realizar trabajos agrícolas (recolección de espárragos y uva).

PREPARACIÓN DE LAS OPOSICIONES 2006

Cuando volví a La Rioja en ese mes de febrero, lo primero que hice fue ir a informarme en la Consejería de Educación de La Rioja, para saber qué condiciones tenía que cumplir para hacer una sustitución en caso de que me presentase en La Rioja. Me lo dijeron muy claro: si no aprobaba el primer examen de la oposición, no podía hacer ninguna sustitución, como me había ocurrido en Madrid poco antes.

Traté de olvidar lo ocurrido, pero al mismo tiempo quería demostrar que podía aprobar y que podía estar con los mejores. Había trabajo adelantado de la academia Magister, temas esquematizados y problemas de oposiciones de ediciones anteriores, y había que aprovecharlo. Tomé una decisión, que fue estudiar solamente de cara a la primera prueba (desarrollo de un tema por escrito y resolución de problemas) y no empezar con la programación (segunda prueba), porque sabía que si no aprobaba la primera prueba no valía para nada y, en el caso de aprobar, «bendito problema».

Faltaban unos cuatro meses escasos. Quise organizarme, tratar de estudiar ocho horas todos los días y lo conseguí, al menos de lunes a viernes. La rutina de finales de febrero, marzo, abril y mayo fue la siguiente: por las mañanas iba a la biblioteca de Calahorra —a unos 12 km de mi pueblo— a estudiar los temas, de los que ya tenía bastantes resúmenes. Tenía dos cuadernos, uno de ellos para escribir los esquemas y otro para escribir las demostraciones de los teoremas matemáticos. También escribía en documentos de Word temas teóricos relacionados con la historia de las matemáticas (historia del álgebra, del cálculo…), guardados en un disquete para posteriormente imprimirlos. A veces los fines de semana hacía un ensayo y desarrollaba un tema; le pedía a mi abuela que me dijera un número del uno al setenta y uno, y si me decía el cuarenta y dos, por ejemplo, desarrollaba el cuarenta y dos. Me daba cuenta de que avanzaba mucho y que lo podía hacer muy bien el día de la oposición, ¿por qué no? Pero no había que hacerse ilusiones porque se podía tener mala suerte y había que estar preparado.

Por las tardes iba a la biblioteca de San Adrián, una biblioteca de Navarra, pero cerca de Calahorra, aunque a veces iba a la de Azagra, también en Navarra y cercana, a trabajar los problemas. También notaba que la progresión era muy buena. Cuando tenía dudas iba a la Universidad de La Rioja porque podía contar con la ayuda de profesores y exprofesores de esa universidad, donde me ayudaban gustosamente.

Estaba muy contento con el trabajo que se estaba realizando y llegó el momento de decidir en qué comunidad autónoma me iba a presentar.

¿MADRID O LA RIOJA?

Las convocatorias de las oposiciones de enseñanza secundaria 2006, en las diferentes comunidades autónomas del Estado, se sucedían a lo largo de los meses de marzo y abril. Una noticia, que era un secreto a voces, se confirmaba: la comunidad autónoma de La Rioja convocaba oposiciones después de catorce años sin hacerlo (la última vez fue en 1992). Además, se sabía que muchas comunidades vecinas no iban a convocar oposiciones (Navarra, comunidad autónoma vasca, Castilla y León o Aragón). Estos dos hechos no gustaron nada a los interinos que trabajaban en los IES riojanos y no tenían problemas para coger vacantes completas todos los cursos académicos, a pesar de que muchos de ellos no se habían presentado nunca a unas oposiciones. Hicieron interinidades porque se habían apuntado en una lista, una lista en la que yo, por ejemplo, no podía entrar al no ser licenciado en Matemáticas. En marzo de ese mismo año hicieron una huelga con apoyo de los sindicatos porque su «chollo» terminaba en estas condiciones y lograron blindar las listas —esta circunstancia significa que cualquier opositor nuevo, aun aprobando la oposición sin plaza, iba a estar por detrás de ellos en la lista de interinos—, consiguiendo mantener su privilegiada posición para años posteriores. Un premio ganado en la calle y en los despachos, no trabajando y siendo mejores que los demás en las oposiciones.

Una vez convocadas las oposiciones, había que elegir en qué comunidad presentarse. Pensándolo mucho decidí matricularme en Madrid y en La Rioja; no había muchas opciones y no eran buenas. En Madrid había tenido mala experiencia al no poder hacer la sustitución al principio de año, y en La Rioja, con el blindaje de las listas, no tenía posibilidades de trabajar a corto y medio plazo. En cualquier caso, había que tener en cuenta y no había que olvidar que debía aprobar la primera prueba de la oposición; de lo contrario, estaría inhabilitado para elegir una vacante o hacer cualquier tipo de sustitución por no tener la titulación exigida.

Continué estudiando, porque en cualquier caso hasta finales de junio no se iban a celebrar y, seguramente, las pruebas en las dos comunidades iban a tener lugar —al menos la primera prueba— el mismo día y a la misma hora. Había que valorar el número de plazas: en Madrid habían pasado de ofertar ciento diez plazas a doscientas, mientras que en La Rioja solamente se habían convocado cinco. En principio estaba convencido de que me iba a presentar en Madrid, a pesar de la humillación del principio de año. Con todo, había que mirar otros parámetros.

En el mes de mayo, un día que fui a preguntarle dudas a un profesor de la universidad, al final de la sesión, me dijo que había salido la lista de admitidos y excluidos en La Rioja. Había unos ciento veinticinco admitidos, de los cuales había varios que ya eran profesores de la Universidad de La Rioja. Era para pensárselo, porque solo había cinco plazas y eran muy buenos. Había que valorarlo todo, y valoré que si pasaba la primera prueba nadie me podía impedir hacer una sustitución en mi comunidad. Había que tener en cuenta también que habían pasado catorce años desde que convocaron oposiciones en la especialidad de matemáticas la última vez (el tren de La Rioja pasaba muy de vez en cuando) y, por lo tanto, en junio me presenté en La Rioja.

RECTA FINAL EN LA PREPARACIÓN DE LAS OPOSICIONES 2006

Desde finales de mayo, coincidiendo con la ampliación del horario de la biblioteca de la Universidad de La Rioja (UR) debido a los exámenes de la convocatoria de junio en la universidad, fui todos los días a Logroño —que incluso los domingos estaba también abierta—, en lugar de ir a Calahorra, hasta el final del proceso selectivo. Prefería estar en la ciudad donde iba a tener lugar el examen. Ya había decidido que me iba a presentar en La Rioja y no en Madrid.

El método y la rutina de trabajo no diferían de lo que había hecho los meses anteriores, desde la frustración de Madrid hasta mayo; es decir, por las mañanas trabajaba los temas, y por la tarde, los problemas. El Departamento de Matemáticas y Computación de la UR estaba muy cerca, para contactar con los profesores si me surgían dudas. Fue el sitio ideal de preparación.

De lunes a viernes comía en los comedores de la UR, donde había varios; sin embargo, el sábado y el domingo estos comedores estaban cerrados, por lo que almorzaba en restaurantes cercanos. En estas comidas coincidía con opositores de otras especialidades —por lo que no eran rivales— y me podía enterar de primera mano de algunas cuestiones, como el lugar donde iban a ser publicadas las pruebas y en qué páginas web podía consultar las novedades de las oposiciones, que variaban con frecuencia. Con todo, siempre llamaba por teléfono a Educación de La Rioja para asegurarme de si esa información era cierta. No solo coincidía con opositores a la hora de comer o tomar un café, sino también con otros excompañeros (alumnos, profesores, conserjes, administrativos) que tuve cuando estudiaba la ingeniería y la licenciatura en Enología. Algunos de estos excompañeros daban su opinión de estas oposiciones y, en especial, de la huelga que habían hecho los interinos. La opinión de un conserje que organizaba y ayudaba en las prácticas de laboratorio, tanto en la época en la que hice mis estudios de ingeniería como en la época en que hice mis estudios de enología, me gustó mucho porque era otra forma de ver las cosas. El conserje dijo así: «Yo soy el más sindicalista del mundo, pero si un interino no aprueba a la segunda vez, deberían excluirle de las listas y de esta manera se lo tomaría más en serio a la hora de opositar». La verdad es que no le faltaba razón.

No es conveniente, ni muchísimo menos, estudiar más horas por el hecho de aproximarse la fecha de las pruebas, sino hacer lo mismo que se había hecho los meses anteriores (lo que no hayas hecho antes…). El primer domingo que me quedé en Logroño (el 4 de junio), después de comer realicé un paseo de 6 km, 3 km desde el restaurante donde comí ese día hasta el **IES Duques de Nájera**, que fue el lugar de las pruebas de esa oposición, y otros 3 km para volver. Un total de una hora y media de paseo. De esta manera ya sabía dónde estaba el instituto en el que se iban a llevar a cabo las pruebas, fue muy positivo. El mismo día de la primera prueba, el 23 de junio, llegué al aparcamiento de la universidad, pero en lugar de ir a la biblioteca fui a tomar un café. Allí me encontré con un profesor de matemáticas de la UR que me había ayudado, y me preguntó: «¿Qué tal, Ricardo?». «Bien, pero nervioso», le respondí. Y me dijo: «En cualquier caso, puedes estar tranquilo porque más que has hecho, no puedes hacer». Ya a media mañana partí hacia el lugar del

IES Duques de Nájera, y a mitad del camino, a la altura del **IES Práxedes Mateo Sagasta**, un instituto mítico que se construyó en el siglo XIX, me encontré con un profesor de francés que conocía, y me preguntó: «¿Qué vida llevas?». Le respondí: «A las 16:00 horas tengo un examen de oposición y tengo muchas dudas». El profesor me respondió: «Eso es bueno, lo malo sería no tener dudas». Con todo esto viví las horas previas al examen con la conciencia tranquila, más no podía hacer y debía estar orgulloso conmigo mismo, pasase lo que pasase en el examen. ¿Qué pasaría en el examen?

12. Oposiciones 2006

Exámenes de oposición de 2006

El 23 de junio tuvo lugar, en primer lugar, la presentación y, posteriormente, la primera prueba de la oposición. La hora de la convocatoria era las 16:00 horas y la entrada al **IES Duques de Nájera** estaba abarrotada desde las 15:45 horas. Un poco más tarde de las 16:00 horas, los miembros de los tribunales nos dijeron que subiéramos a la primera planta. Una vez allí nos indicaron las instrucciones: iban a hacer un llamamiento por orden alfabético, debíamos enseñar el DNI y entrar en el aula correspondiente. Me di cuenta enseguida de que la asistencia era un éxito, se notaba que los interinos que estaban trabajando con regularidad los últimos cursos en La Rioja y que habían logrado que las listas de interinos se blindasen no querían perder su posición. Hay que recordar que solamente con firmar en la oposición iban a estar mejor situados, a excepción de los que ocupasen las cinco plazas que la Consejería de Educación de La Rioja había ofertado.

Hacia las 16:45 horas comenzó la primera prueba de esta convocatoria de oposiciones de secundaria, en la especialidad de matemáticas. La prueba constaba de cinco problemas, y para las 17:30 horas la mitad de opositores que ocupaba el aula donde me tocó hacer el examen había desaparecido. Al ver el examen estaba contento, porque de los cinco problemas, cuanto menos me veía capaz de luchar al menos tres; de hecho, intenté los cinco, aunque en uno no llegué a ninguna conclusión, no sabía cómo plantearlo. Eran problemas similares a los que había trabajado durante la preparación y lo cierto es que cuantos más se trabajen, más posibilidades hay de que tengas algún problema que sepas hacer. Había que emplear herramientas matemáticas que había trabajado muy bien (límites de sucesiones y funciones, integrales, progresiones aritméticas y geométricas, determinantes…). Hubo que lucharlos bastante y traté de explicar todo el procedimiento en todos ellos. El primer y el tercer problema me daban resultados lógicos y los pude comprobar; en el cuarto y en el quinto hice algún apartado, pero en general estaba contento.

A las 21:00 horas se dio por terminada la prueba de los problemas (prueba práctica) y salí muy satisfecho. Había que tener en cuenta que en Madrid, dos años antes, solamente había hecho un problema bien entero (16,6 %) y en esta ocasión había hecho dos (40 %) y en otros dos había algún apartado que lo tenía completado; la progresión había sido muy buena. Aunque no quería hacerme ilusiones, pues podía haber algún paso en el procedimiento que a los miembros del tribunal no les podía quedar claro y lo podían penalizar a pesar de haberlo hecho perfecto, podía estar orgulloso, independientemente del resultado, porque lo había luchado y tenía opciones de aprobar. ¿Cuál fue el resultado de la prueba práctica? ¿Primera prueba aprobada en mi historia de las oposiciones?

Ejercicios 1, 2 y 3 de la primera prueba

4. La longitud del radio de una esfera es una variable aleatoria con función de densidad:

$$f(x) = kx(1-x) \quad si \; 0 \le x \le 1 \quad (0 \; en \; el \; resto)$$

a) Calcular el valor de la constante k para que sea efectivamente una función de densidad. Calcular su función de distribución.

b) Se sabe que el radio de la esfera mide más de $\dfrac{1}{3}$. Calcular la probabilidad de que su longitud sea inferior a $\dfrac{3}{4}$.

c) Si $S = 4\pi X^2$ es la superficie de la esfera de radio X, calcular: $P(S > s)$

5. Hallar el valor del determinante de orden n:

$$\Delta_n = \begin{vmatrix} 1+x^4 & x^2 & 0 & 0 & \dots & 0 & 0 \\ x^2 & 1+x^4 & x^2 & 0 & \dots & 0 & 0 \\ 0 & x^2 & 1+x^4 & x^2 & \dots & 0 & 0 \\ 0 & 0 & x^2 & 1+x^4 & \dots & 0 & 0 \\ \dots & \dots & \dots & \dots & \dots & \dots & \dots \\ 0 & 0 & 0 & 0 & \dots & 1+x^4 & x^2 \\ 0 & 0 & 0 & 0 & \dots & x^2 & 1+x^4 \end{vmatrix}$$

Logroño, 23 de junio 2006

Ejercicios 4 y 5 del examen

El fin de semana, el sábado 24 y el domingo 25, me resultó muy raro estudiar solamente los temas, puesto que el examen de problemas ya se había realizado. Trabajé los resúmenes de los temas (historia y aplicaciones de las matemáticas) por enésima vez, y acertaría, puesto que el 26 de junio me tocaría un tema de los preparados.

El lunes 26 de junio llegó, y aunque me sabía el camino perfectamente decidí partir hacia Logroño muy temprano. Llegué al **IES Duques de Nájera** un poco después de las 8:00 horas, muy temprano, teniendo en cuenta que la prueba era a las 9:00 horas. Estuve tomando un café para hacer tiempo en la cafetería de al lado y a las 8:45 horas fui a la puerta del instituto. En ese cuarto de hora vi llegar al resto de opositores, nos saludamos amigablemente y un opositor de origen andaluz comenzó a hablar del examen de problemas. En principio, no me gustó nada, porque nunca me ha gustado hablar del contenido de los exámenes hasta que se nos dé la correspondiente calificación. El caso es que lo que estaba escuchando me estaba gustando, porque el compañero que hablaba del examen había planteado los primeros problemas de la prueba práctica de la misma forma que yo, e incluso yo intervine también en el diálogo. Él me dijo que seguramente lo habíamos hecho bien. Yo estaba contento y reforzado moralmente para la segunda prueba. El desarrollo del tema se iba a realizar casi inmediatamente.

A las nueve en punto los miembros del tribunal abrieron las puertas del IES y, como el día de la prueba práctica, fueron nombrando por orden alfabético y nos fueron colocando en las diferentes aulas. Una vez colocados todos en los sitios, pidieron un voluntario para sacar las bolas. Se mascaba la tensión, pero estaba tranquilo porque me había preparado bien los temas y lo único que necesitaba era no tener mala suerte. El presidente del tribunal, un vocal y el voluntario para la extracción de las bolas entraron al aula, escribieron los títulos de los dos temas en la pizarra, se le preguntó al voluntario si era cierto que esos dos temas escritos eran los que habían sido extraídos, este respondió que sí e inmediatamente comenzó la prueba, sabiendo que teníamos dos horas para realizarla. El presidente escribió la hora de entrega en la pizarra.

Los dos temas seleccionados fueron el 20, «Lenguaje algebraico. Números y símbolos. Importancia y su desarrollo y problemas que resuelve. Evolución histórica del álgebra», y el 31, «Integración numérica. Métodos y aplicaciones». Tenía claro cuál iba a desarrollar, el 20, que además lo repasé el fin de semana anterior. La anécdota del examen tuvo lugar unos diez minutos después de su comienzo: el presidente entró de nuevo al aula explicando que acababa de llegar un aspirante porque el tren en el que viajaba, procedente de Valladolid, había llegado a Logroño con retraso, y nos preguntó si le permitíamos hacerlo. Nadie puso ningún impedimento y el aspirante realizó el examen. A la media hora muchos entregaron el examen, circunstancia que se produjo también en la prueba práctica el 23 de junio. Durante la prueba estaba muy tranquilo porque el tema 20 lo había trabajado, otra cosa era cómo me lo valorasen.

Al entregar el examen, me preguntó el compañero que estaba delante de mí cuál era el tema que había elegido. Era un madrileño que había estudiado Física y Química, y que había estudiado en la academia Magister, como yo.

Le dije que el 20, y él me dijo que había optado por el 31. Me confesó que no había tenido suerte con los temas, pero que habló del método exhaustivo de Eudoxo y logró llevar el tema a su terreno. Le valió la experiencia y el fondo de armario, pero ¿cuáles fueron los resultados?

Turno de leer la prueba práctica

La segunda y última prueba de la oposición se había celebrado el 26 de junio de 2006, pero había que estar atentos y ya desde esa misma semana miré a ver cuándo me tocaba leer. Me tocaba la semana siguiente, pero con todo ejercí mis derechos. La lectura del tema y de los problemas de matemáticas era pública, porque podía ocurrir que alguien que hubiera hecho las pruebas mal pudiera aparecer en la lista de aprobados y hubiera reclamaciones. Me pareció justo y transparente y fui un día a Logroño a alguna lectura de los que me precedían.

Las lecturas eran en el instituto donde hicimos la primera fase y donde íbamos a hacer la última, el **IES Duques de Nájera**. Decidí ir al principio de la semana siguiente y vi a una futura compañera en mi primera sustitución en el **IES Tomás Mingot** en 2007; Ana Porras, que también iba a ver alguna intervención y me dijo que le parecía bien que me presentara a la oposición de matemáticas, pero que también había plazas de FP, que me podría resultar más fácil aprobar. Sin embargo, yo le dije que estaba preparado para dar clases de matemáticas, pues llevaba varios años dando clases particulares, pero para enseñar un oficio muy conocido hubiese tenido más dificultades. La conversación con Ana Porras, ni tan mal, porque hubo algunos/as compañeros/as de matemáticas que me decían que no tuviéramos derecho a presentarnos a las oposiciones de matemáticas porque no éramos de la carrera de Matemáticas; será porque los ingenieros les sacamos más partida a la ciencia de la matemática y somos competencia para que obtengan su plaza o es pura envidia e impotencia. Cuando estábamos Ana Porras y yo a punto de entrar para ver una lectura de un opositor, salió una vocal del tribunal, ya mayor —le faltaba poco para jubilarse—, y nos preguntó: «¿Qué tal lo habéis hecho? Porque estamos soportando unos temas de teoría muy pobres». La verdad es que la vocal tenía razón, porque lo que había escrito el compañero en el tema que me tocó escuchar era muy pobre, y no digamos los problemas de matemáticas, que apenas los tocó.

Pocos días después llegó mi turno. Abrí los sobres donde tenía mis dos exámenes y empecé a leer, en primer lugar, los problemas y, en segundo lugar, el tema de la historia del álgebra que había elegido. En los problemas sabía lo que había hecho bien y no tan bien; en cuanto al tema, lo expuse tranquilamente y, al acabar, les dije: «Espero que no os haya resultado aburrido». El presidente del tribunal me contestó: «A mí, por lo menos, me ha resultado ameno». Había que esperar la calificación, pero salí contento de la lectura de los exámenes de la primera fase de la oposición.

AL FIN, UNA BUENA NOTICIA

Todo iba a ser muy rápido, el 26 de junio de 2006 hicimos el desarrollo del tema y en esa misma semana debíamos leer el examen, saber el resultado de las pruebas y, en caso de aprobar, ir al llamamiento organizado por el tribunal de oposición en la fecha indicada. El martes 27 de junio fui a Logroño para ver cómo leían algunos de los opositores y el miércoles 28 me tocó leer. No había que esperar mucho, por lo que había que estar atentos. Ese mismo día 28 pregunté y me dijeron que la publicación de las notas de la primera prueba eliminatoria no se iba a demorar mucho. Sabía qué era aprobar la primera fase y lo que significaba —seguir luchando en la oposición y con opción a hacer sustituciones— y también sabía qué era no aprobar y lo que significaba —quedarme sin trabajar durante un gran período de tiempo y quizás replantearme otra vía para conseguir un trabajo—.

Ese mismo día 28 me fui a casa después de haber leído mi examen, que lo había hecho hacia las 10:00 horas. Me dio por llamar al **IES Duques de Nájera** hacia las 13:30 horas. Me cogió la llamada un conserje, al que le pregunté cuándo iban a salir las notas de la primera prueba de la oposición de secundaria en la especialidad de matemáticas. Me confirmó que las acababan de poner y añadió si quería que me dijera la nota. Me quedé muy sorprendido y quise saber si esa tarde iba a estar el IES abierto. No abriría hasta el día siguiente. El conserje me preguntó: «¿Quiere que le diga si ha aprobado?». Y yo, con el miedo en el cuerpo, le contesté: «Sí». «¿Cómo se llama?». «José Ricardo Gutiérrez Vergara», le respondí, y seguidamente escuché: «Enhorabuena, has aprobado». Fue una alegría inmensa, y no era para menos. La pena era que no podía comprobarlo ese día, puesto que estaba puesto en el panel de anuncios, había que entrar al instituto y por las tardes en junio estaba cerrado.

Durante esa tarde no paraba de pensar: «¡Qué bien! ¡El esfuerzo al final ha merecido la pena!». Pero también me dio por pensar mal: «¿Y si el conserje me ha mentido?». Porque tenía esperanzas de aprobar, pero podían valorar mi trabajo por lo bajo y no aprobar. ¡Tenía ganas de que llegaran las 6:00 horas del día siguiente! Llegaron las 24:00 horas e intenté dormir, pero seguía pensando, seguía con la intriga. «Que llegue el amanecer cuanto antes», me decía.

Al día siguiente, hacia las 8:30 horas, llegué al **IES Duques de Nájera** y lo comprobé. Habíamos aprobado dieciséis personas, ocho de cada tribunal. Había aprobado las dos partes de la primera prueba, los problemas con un 5,2 y el tema con un 6. No todos los que habían aprobado podían decir lo mismo, por ejemplo, el compañero madrileño con el que había coincidido el día del desarrollo del tema, que había aprobado los problemas, pero no el tema, y había obtenido un 4,5, pero aprobó la prueba. Enseguida llamé a los compañeros y profesores que me habían ayudado y/o dado apoyo moral. Pronto había que volver a Logroño, puesto que al día siguiente, el 30 de junio, los que habíamos aprobado estábamos convocados para que nos dieran las instrucciones necesarias de cara a la segunda prueba (entrega de la programación didáctica y horario de las encerronas).

2.ª PRUEBA DE LAS OPOSICIONES 2006

El 10 de julio de 2006 estábamos convocadas las dieciséis personas que habíamos superado la primera prueba en el **IES Duques de Nájera.** No hay que olvidar que ese IES era el elegido para la realización de todas las pruebas en la especialidad de matemáticas. Había que llevar consigo la programación didáctica que íbamos a defender. Entonces fue cuando me di cuenta de que no tenía mucho que hacer en esa prueba, pues había unas programaciones muy curradas con anexos de las unidades didácticas, y yo justo había hecho una programación de menos de treinta páginas, cuando se podía hacer una de sesenta páginas más los anexos. De todas formas, estaba tranquilo porque se había cumplido mi objetivo, que era aprobar la primera prueba para poder hacer sustituciones y que la historia de Madrid no se repitiese.

Al haber solamente dieciséis personas —ocho personas por tribunal—, se pudieron realizar todas las encerronas y defensas en esa misma mañana. Además, estaba bien organizado. Entramos por orden alfabético con el DNI, y en primer lugar nos acompañaban al aula de la encerrona para preparar la exposición de la programación didáctica y la unidad elegida durante una hora. En segundo lugar, debíamos sacar tres bolas de una bolsa, que eran las unidades didácticas en el orden que aparecían en la programación. Una vez que las sacábamos, una por una, el miembro del tribunal las apuntaba, pero no teníamos por qué decir cuál de ellas íbamos a exponer. En tercer lugar, solo podíamos llevarnos un guion para la defensa, que se reducía al título de cada apartado de la programación y de la unidad didáctica elegida. Y, por último, nos dijeron que en la encerrona podíamos utilizar todos los materiales que considerábamos necesarios. Antes de entrar, el vocal nos preguntó si teníamos que ir al servicio, que iríamos en ese momento, porque una vez que entrabas en el aula de la encerrona, ya no podías salir. Yo opté por ir al servicio antes de entrar al aula. Una vez dentro, lo primero que hice fue valorar qué unidad didáctica se me podía dar mejor defenderla. Me gustó la penúltima unidad didáctica, la decimocuarta, cuyo título era «Cálculo de primitivas», que consiste en la utilización de los distintos métodos de integración, desde la integración de las más inmediatas (sencillas) hasta las que había que hacer unos cambios de variable más complejos para integrarlas. En el aula de la encerrona había también pizarra, pero no había tiempo material para hacer una simulación, por lo que hice un esquema con los apartados de la programación, lo que permitían llevar. A partir de ahí seleccioné aspectos de cada apartado que podía explicar mejor de la programación y, en cuanto a la unidad didáctica, intenté poner ejemplos de las integrales en la vida real y relacionarlos con otras asignaturas. No lo tenía difícil, porque las integrales tienen muchas aplicaciones.

En esta segunda prueba, expuse tanto la programación como la unidad didáctica de «Cálculo de primitivas» con bastante tranquilidad, puesto que tenía muy difícil aprobar y el objetivo estaba cumplido con la superación de la primera prueba. Fue una experiencia para aprender de cara al futuro.

Resultados de las oposiciones 2006

El 10 de julio, los opositores habíamos realizado la segunda prueba. La verdad es que me resultaba imposible obtener una de las cinco plazas —por mi nula experiencia, lógicamente—, incluso se sabía que a pesar de que el número de opositores que hubiesen aprobado la primera prueba coincidiese con el número de plazas, no te garantizaba aprobar la segunda prueba y, como consecuencia, no obtenías la plaza; quedarían plazas desiertas, como había ocurrido en la especialidad de dibujo ese mismo año, y además en La Rioja. En este caso, había gente experimentada y, de los dieciséis, era fácil que cinco de ellos obtuviesen la plaza.

A finales de julio, el catedrático José Martínez Ruano, que me había ayudado mucho, me llamó diciendo que no había aprobado la oposición, pero que debía estar orgulloso por este logro, y lo estaba, por supuesto. Miré en la página de Educación y observé que había obtenido un 2,2 en la segunda prueba y un 3,94 como nota global de la fase oposición. La nota global se calculaba mediante la semisuma de la nota de las dos pruebas. Para calcular la nota de la primera prueba había que tener en cuenta que en la primera prueba el tema suponía el 60 % de la nota y los problemas el 40 %. Hay que recordar que en el tema había obtenido un 6 de calificación, y en los problemas, un 5,2. Voy a designar como N1 la nota de la primera prueba y como N2 la de la segunda. Siendo «Nt» la nota del tema y «Np» la nota en el examen de problemas.

La nota de la primera prueba se calcula según la fórmula:

$N_1 = 0,6 \cdot N_t + 0,4 \cdot N_p$

Sustituyendo:

$$N_1 = 0,6 \cdot 6 + 0,4 \cdot 5,2 = 3,6 + 2,08 = 5,68$$

Una nota más que aceptable, favorecida con la mejor ponderación en el desarrollo del tema. Con todo, si en la convocatoria hubieran ponderado al contrario (40 % el tema y el 60 % los problemas), como sucedió en Madrid dos años antes, hubiese aprobado la primera prueba con menor calificación, pero habría aprobado.

Por tanto, la nota de la fase oposición (No) en 2006 se calcula mediante la siguiente fórmula:

$$N_0 = \frac{N_1 + N_2}{2}$$

Sustituyendo valores:

$$N_0 = \frac{5,68 + 2,2}{2} = 3,94$$

Al suspender la fase de oposición, no hubo fase de concurso y los méritos presentados en el momento de la matriculación fueron baremados posteriormente con la normativa que regula la puntuación de la lista de interinos.

VALORACIÓN DEL RESULTADO DE LAS OPOSICIONES 2006

Teniendo en cuenta que el objetivo principal en esta convocatoria de las oposiciones era aprobar el primer examen eliminatorio, podemos decir que fue un éxito. Un éxito porque, de los más de cien presentados, fui uno de los dieciséis que superaron la primera prueba. Incluso se puede hablar de dos éxitos al aprobar las dos partes, los problemas (5,2) y el desarrollo del tema (6). El éxito fue reconocido y muy valorado por los compañeros del Departamento de Matemáticas y Computación de la Universidad de La Rioja. Valoraron positivamente que un ingeniero técnico agrícola había superado a muchos licenciados en Matemáticas, era un gran mérito. Incluso algún compañero o compañera del propio Departamento de Matemáticas y Computación que se había presentado, quizás por comprobar cómo eran las oposiciones de secundaria. No era poco lo que se había conseguido. Hay que tener en cuenta que si no aprobaba la primera prueba, no podía hacer ninguna sustitución en La Rioja, como había sucedido en Madrid al principio de ese mismo año.

La valoración de la segunda prueba es más subjetiva porque tuve que hacer en tiempo récord —desde el momento que supe que había aprobado la primera prueba hasta el comienzo de la segunda— la programación y preparar las unidades didácticas. Los rivales iban a tener ventaja, puesto que los otros quince que habían aprobado la primera prueba trabajaban en los IES en ese momento, mientras yo, en aquel momento, ni siquiera había debutado en la enseñanza. Como el objetivo estaba cumplido, esa prueba fue positiva a pesar del resultado (2,2), porque me permitió coger experiencia, de cara a futuras ediciones de oposiciones.

Desgraciadamente, hubo aspectos negativos, puesto que a pesar de aprobar iba a tardar mucho en hacer una sustitución en La Rioja, ya que el trabajo de los interinos haciendo huelga con ayuda de los sindicatos para blindar las listas fue muy efectivo. ¿Cuándo debuté en la enseñanza? ¿Cuánto tiempo tuve que esperar?

13. Período de espera hasta lograr mi primera sustitución

EL EGA. ¿OTRA OPORTUNIDAD?

Mi actuación en las oposiciones de 2006 en La Rioja había sido excelente, pero dadas las circunstancias, la opción de trabajar en la enseñanza estaba todavía lejana para mí, por lo ya sabido: los interinos habían logrado blindar las listas con la colaboración de los sindicatos y la posibilidad de coger vacante para el curso 2006-2007 o de hacer una sustitución durante ese curso iba a resultar una quimera. Sin perder lo conseguido, tenía tiempo para explotar otras opciones. Por ejemplo, no me pude presentar con la posibilidad de lograr una plaza en la comunidad autónoma vasca por no aprobar el primer examen de los perfiles lingüísticos. Estuve pensando en julio de 2006 que igual podía ser el momento de intentar obtener el máximo título de la lengua vasca, el EGA (Euskararen Gaitasun Agiria), con otras palabras en castellano, el Certificado de Actitud en Euskera.

El lugar para prepararme las pruebas para obtener el EGA fue el mismo que en 2003, la *euskaltegi* Maizpide en Lazkao (Gipuzkoa). En el mes de julio hablé en euskera con los oficinistas para que me ubicaran en un grupo adecuado según mis características y al final me matricularon en el nivel 10; el baremo era así, el primer nivel significaba no saber nada, y al final del duodécimo nivel tienes muchas posibilidades de obtener el EGA. Me matriculé en agosto y septiembre. No hace falta decir que la vida allí es siempre en euskera y solo se hablaba castellano para llamar a casa.

En esos cursos lo que percibí es que la mayoría de los profesores que estaban en 2003 seguían en 2006, me atrevería a decir que más de un 80 %. Las clases eran orientadas a realizar las pruebas que nos íbamos a encontrar en los exámenes de septiembre y octubre. Había una primera prueba de gramática con alguna pregunta de comprensión auditiva; una segunda prueba que constaba de cinco partes, comprensión lectora *(irakurmena)*, comprensión auditiva *(entzumena)*, escribir frases de una misma manera, pero empleando ciertas palabras *(berridazketak)*, sinónimos *(sinonimoak)* y expresión escrita *(idazmena)*, y una tercera prueba oral *(ahozkoa)*.

La mayoría de los compañeros de esos cursos eran funcionarios «con asterisco». ¿Por qué? Porque necesitaban el título de EGA para poder trabajar en su puesto de trabajo; por cierto, muchos docentes. Estos docentes habían aprobado unas oposiciones de su especialidad antes de 1993, pero en castellano. Les daban un plazo para sacarse el título, no sé seguro de cuánto tiempo, pero más de un año. Tenían la matrícula totalmente gratuita, pero si en el plazo establecido no conseguían el EGA, perdían su plaza. Con todo, no se les veía tan motivados para aprender euskera como lo estaba yo.

Como en el año 2003, estuve durante los meses de agosto y septiembre internado de lunes a viernes, porque el fin de semana volvíamos a casa. Sirve como anécdota que un viernes por la tarde al volver a casa, el embrague de mi coche, un Fiat Punto que me había comprado nueve meses antes, se quemó a la altura del puerto de Etxegarate y tuve que esperar más de una hora hasta que viniese la grúa y un taxi que me llevase a casa. Me llevó un taxista de Legorreta con el que estuve hablando en euskera desde el puerto de Etxegarate hasta Aldeanueva de Ebro, y me dijo que hablaba muy bien el idioma de Koldo Mitxelena. Eso me dio moral, aunque conseguir el EGA era una realidad bien distinta. Mi coche lo llevaron a la Fiat de Bergara, que era la más cercana del punto del incidente. El problema era cómo volvería el lunes siguiente a Lazkao. Lo solucioné primero consiguiendo el contacto de una tudelana que también estudiaba en Maizpide y después llamándola para quedar el lunes siguiente en Aldeanueva de Ebro e ir juntos a Lazkao. En cuanto al coche, los del taller de Bergara no creían que se tratara de un error de fábrica, sino que se había estropeado por mi mal hacer o mi mala utilización. Afortunadamente, no lo pudieron demostrar y me entró dentro de la garantía, pero me tuvieron que llevar a Donostia a hacer el primer examen eliminatorio *(atariko proba)*, el examen de gramática con alguna pregunta sobre comprensión auditiva.

Durante los cursos de agosto y septiembre había experimentado un gran progreso, especialmente en la expresión escrita *(idatz lana)*, pero había que aprobar la primera prueba para poder hacer el examen escrito, ya que las pruebas eran y son de carácter eliminatorio. El 23 de septiembre tuvo lugar la prueba inicial *(atariko proba)* y, como he escrito en el anterior párrafo, me tuvieron que llevar a Donostia a hacer el examen y me quedé en casa de un amigo de Zumarraga ese fin de semana. Me llevó uno de los profesores de Maizpide, Ekaitz Goikoetxea, profesor de euskera en esa misma *euskaltegi* y *bertsolari*, que en aquel momento era miembro del tribunal y tenía novia en Zumarraga. Fuimos al examen los tres juntos. No pudo ser, porque la primera prueba *(atariko proba)* no la pude superar, ya que acerté sesenta y nueve preguntas de las cien del test, y había que acertar al menos setenta y cinco.

Fue una pena, pero con el tiempo observé que era un reto muy complicado, para preparar las pruebas en solamente dos meses. Había profesores que llevaban más de un año en esa *euskaltegi* y tampoco lo habían conseguido; a algunos incluso se les veía llorar porque sin el EGA no podían trabajar, a pesar de haber logrado la plaza de funcionario.

UN TEMARIO NUEVO

Después de la experiencia no exitosa de la lucha por el título de euskera (EGA), seguí con el tema de las oposiciones de secundaria. No iba a estudiar regularmente, pues las nuevas oposiciones estaban lejos. Esperaba con mucha paciencia mi primer llamamiento, que iba para largo, ya que habían blindado las listas de interinos y tenía muchos por delante de mí.

Un día, en la biblioteca de Calahorra, indagué en internet y descubrí que había un nuevo temario de matemáticas en las próximas oposiciones. No contaba con grandes cambios, porque coincidía en más de un 80 % con el que había estado estudiando desde 2002, pero había temas que los habían fusionado y de un tema salían dos. También había temas nuevos, como el de polígonos, el cual comencé a trabajar e incluso a estudiar, pero resultó un trabajo que no valió para nada.

No valió para nada porque resultó ser un simple borrador. Un mes más tarde desapareció de todas las páginas de Educación. Había que seguir con el de siempre.

Un trabajo en mi explotación agrícola

Habían pasado más de ocho meses desde que se habían celebrado las oposiciones de 2006 y no había ningún aviso para hacer ninguna sustitución. Lo cierto es que el trabajo de los interinos y de los sindicatos antes de la oposición había sido efectivo, aquel blindaje de las listas de interinos les aseguraba trabajar y estar por delante de los aprobados sin plaza en las oposiciones de 2006, por lo que había que esperar todavía un tiempo.

Como he dicho en el apartado anterior, seguía yendo a estudiar a la biblioteca, pero de manera muy discontinua. Era el mes de febrero de 2007 y en el Paseo del Mercadal de Calahorra, cerca de la biblioteca, me encontré a un conocido de Lodosa —curiosamente, la localidad en la que actualmente estoy trabajando—. Me dijo que en la empresa donde trabajaba, una compañía de seguros, necesitaban a un trabajador. No estaba nada convencido, pero fui a su oficina, donde me dijeron que tenía que hacer un curso de dos meses y posteriormente me incorporaría a la empresa. El sueldo iba a ser normal para aquella época, unos 700 €, y podía aumentar en función de las comisiones si se contrataban muchos seguros, que no iba a ser fácil debido a la poca demanda. El compañero de Lodosa ya me había dicho en alguna ocasión que tenía muchas dificultades para vender seguros.

No me convenció y pensé que, para trabajar en una empresa de forma temporal en no muy buenas condiciones, trabajaría en mi propia empresa agrícola, en mis fincas vitícolas. La verdad es que iba a trabajar contento. El primer día fui con unas tijeras para podar y las escondí en unas vides americanas para utilizarlas los días que fuese a trabajar. Nadie me controlaba, daba igual a qué hora empezase y a qué hora acabase, pero lo cierto es que realicé la poda en dos viñedos, eso es lo que me ahorré y no tuve que pagar esos jornales a los que me llevaban los viñedos. Lo curioso era que, por no llevar mi coche, realizaba el camino de ida y vuelta andando; había unos 3 km desde mi domicilio a las parcelas de vides, y viceversa. Posteriormente, en primavera y verano, iba a trabajar con las personas que me llevaban los viñedos, pero solamente cuando iban a trabajar a mi explotación. Sin embargo, yo quería debutar ya en la enseñanza. ¿Debutaría ese año 2007? De ser así, ¿cuánto tiempo debería pasar?

14. Mi debut en la enseñanza

PRIMER LLAMAMIENTO

Se estaba demorando demasiado, ya que habían pasado diecisiete meses desde las pruebas de oposición en La Rioja (junio de 2006). El 19 de noviembre de 2007 recibí una llamada. Me dijeron que eran del Departamento de Educación de La Rioja, que había que hacer una sustitución en el **IES Tomás Mingot** en Logroño y si estaba interesado. Les respondí afirmativamente —había que responder inmediatamente con un sí o un no— y me dijeron que tenía que ir ese mismo día a la calle Marqués de Murrieta n.º 76 en Logroño con el título académico.

En ese momento estaba en Alfaro, porque quería ir al IES a preguntar algo referente a la programación didáctica de la oposición, pero no llegué a ir, puesto que me llamaron antes. Cuando llegué a casa me dijo mi madre que me habían llamado al fijo también, e inmediatamente fui a Logroño.

Cuando llegué al edificio de Educación, tenía el temor de que hubiese alguna cosa que me impidiese hacer la sustitución, como me había ocurrido el año anterior en Madrid, pero estaba tranquilo porque había aprobado la primera prueba de la oposición y eso me habilitaba para poder hacerla. Sin embargo, hasta que no te lo confirman no puedes estar seguro, dados los precedentes. Ya allí rellené unos papeles y me dijeron que sí estaba habilitado, deseándome suerte y dándome datos para ir al instituto, que estaba cerca.

Fui al **IES Tomás Mingot** y enseguida me entrevisté con un jefe de estudios, que me dio el horario y las listas de alumnos con las fotos, porque al día siguiente trabajaba. Posteriormente, fui al departamento de Matemáticas, donde la jefa de departamento me dio los libros y me dijo que a los grupos de 4.º de ESO tenía que exigirles, puesto que luego pasaban a Bachillerato y tenían que tener base.

MIS PRIMERAS CLASES EN UN IES

El motivo de la sustitución era por maternidad y la persona sustituida era una de las triunfadoras de la oposición 2006, ya que había conseguido una de las cinco plazas ofertadas. Por consiguiente, era rival en aquella oposición. Por el tema de la maternidad, la profesora tenía derecho a estar un mínimo de cuatro meses de baja a partir del nacimiento de su hijo. Siendo noviembre, era fácil que al menos hasta Semana Santa de 2008 iba a estar trabajando en el **IES Tomás Mingot** y que, con un poco de suerte, acabara el curso, porque ella no tenía ninguna intención de incorporarse e iba a intentar prolongar la baja hasta el 30 de junio, es decir, el final del curso académico 2007-2008.

El 19 de noviembre de 2007 fue el llamamiento y al día siguiente, el 20 de noviembre (¡menuda efeméride!), fue mi primer día de trabajo en un instituto de secundaria. El día anterior me habían dado el horario, el cuaderno del profesor y tutor —porque la sustituida era tutora—, las fotos de los alumnos y un «tamagotchi», un aparato electrónico para pasar lista o poner alguna incidencia. El primer día fue relativamente tranquilo, ya que en el día de la presentación el alumnado no se portó mal, a excepción del grupo de mi tutoría. Con los que a partir de ese día iban a ser mis tutorados me tocó dos sesiones seguidas —cada sesión duraba cincuenta minutos—. La primera de ellas fue tutoría, en la que no fui el protagonista porque tuvieron charla, pero observé lo difíciles que eran esos alumnos, ya que hablaban mucho cuando la ponente explicaba. En la segunda sesión me tocó dar mi asignatura, Matemáticas. En tutoría tenía treinta alumnos, y en Matemáticas, veintitrés, porque a siete de ellos se les hacía una adaptación curricular significativa; en aquella época se decía que salían del aula a «compensatoria». No iba a tener fácil llevar al grupo de mi tutoría a mi terreno, más aún siendo un debutante en la enseñanza con una gran falta de experiencia.

Los grupos a los que me tocaba impartir clase de Matemáticas eran dos de 2.º de ESO, mis tutorados y un grupo de desdoble, y dos de 4.º de ESO, ambos con Matemáticas B, definidas por el alumnado como difíciles. Los grupos de 4.º de ESO debían hacer un examen dos días más tarde de mi debut, último deseo de la profesora sustituida, y mi jefa de departamento me insistió en que no lo cambiaría. El examen lo había puesto la misma profesora un poco antes de coger la baja y yo lo tenía que corregir. El resultado fue muy malo y de los cincuenta alumnos que había en 4.º de ESO, solamente aprobaron cinco. Ya habían hecho con ella otro examen y los resultados eran prácticamente iguales. Las causas de los malos resultados eran, fundamentalmente, la falta de base matemática y el hecho de no llevar la asignatura al día, pero lo cierto es que las quejas y las protestas las tuve que soportar en primera persona.

Aún le faltaba un examen a cada grupo, puesto que la primera evaluación de ese curso tenía lugar la segunda semana de diciembre, y en la tercera semana antes del receso de Navidad podían hacer las recuperaciones. En el primer examen de cada grupo que hice y corregí en primera persona —yo me lo guisé y yo me lo comí por primera vez en mi historia docente—, conseguí que aprobase la primera evaluación alguno más de los que iban a aprobar después de los dos primeros exámenes con la profesora sustituida. Con todo, tuve que soportar el desacuerdo y las quejas de malas maneras por parte del alumnado que iba a suspender Matemáticas B en la primera evaluación. Fue en la sesión en la que se revisó el último examen, el alumnado que había suspendido se quejaba de los criterios de corrección empleados, y así me lo hizo ver su tutora, pero lo cierto es que, para este último examen, muchos de los alumnos tenían la evaluación virtualmente suspendida. Habían obtenido tan baja nota en los dos primeros que en el tercero estaban obligados a hacer el examen casi perfecto para poder aprobar, pero acabaron por suspender también este último. Había que buscar culpables y era más fácil buscarlo en el sustituto, no en la sustituida. En la recuperación, el número de aprobados se acercó al 50 %, ya era otra cosa.

15. Preparación de la oposición 2008

PREPARACIÓN DE LA PROGRAMACIÓN Y LA UNIDAD DIDÁCTICA

Vistos los resultados de la oposición 2006, estaba claro que para preparar las pruebas del desarrollo del tema y los problemas no necesitaba ir a una academia, pero para defender la programación didáctica de un curso y una unidad didáctica de esa programación, sí necesitaba un curso de preparación. No hay que olvidar que acababa de debutar en la enseñanza, no tenía apenas experiencia y en 2006, al defender mi programación, se notó. En el mismo **IES Tomás Mingot** había propaganda de academias en la sala de profesores. Había un anuncio de una academia de Zaragoza, llamada Delta, y no lo dudé, llamé, hice el pago de las tasas por transferencia bancaria y me matriculé.

El curso tenía doce sesiones de cuatro horas, de 18:00 horas a 22:00 horas, y tenía lugar los viernes. Se dice que «el que algo quiere algo le cuesta», y los viernes cuando acababa las clases en Logroño, comía en un bar cercano al instituto y hacia las 15:45 horas partía para Zaragoza porque había que llegar para las 17:30 horas, ya que había problemas para aparcar; al final iba a un *parking* de pago porque era lo más cómodo y más práctico. Cuando salía de la academia, iba a cenar a un bufet de tapas en la misma plaza de Nuestra Señora del Pilar, el bufet Las Palomas.

La preparadora de la academia era muy buena. En las primeras sesiones nos explicó por separado cada una de las partes de la programación (objetivos, contenidos, metodología, evaluación, atención al alumnado con necesidades especiales y educación y valores), mandándonos por correo electrónico la legislación de la comunidad autónoma en que nos íbamos a presentar. En las siguientes sesiones debíamos exponer nuestra programación. Algunos compañeros lo tenían trabajado bastante bien y les grabé con una grabadora, pues me vino bien para pulir detalles. Cuando me tocó exponer se me notaba muy verde, sobre todo a la hora de utilizar la pizarra. La preparadora me echó una bronca con mucho cariño y volví a exponer con éxito una mañana de junio (ya se me había acabado la sustitución). Al acabar el curso me sentí satisfecho del trabajo realizado por la preparadora y estaba más tranquilo porque podía defender mi programación con garantías el día de la oposición.

CURSOS DE FORMACIÓN *ONLINE*

El hecho de estar trabajando en un instituto de secundaria te permite ponerte al día con el tema de las oposiciones, obtener información de primera mano, circunstancia que es muy difícil si no estás trabajando. En la convocatoria de 2006 había demostrado que la fase de oposición la podía aprobar, pero la fase de concurso todavía estaba muy lejos de aprobarla, ya que tenía pocos puntos de experiencia y de cursos. Para ello debía hacer cursos formativos homologados, para tener una suma de puntos que me permitiesen tener opciones de obtener una plaza en caso de aprobar la oposición.

Una compañera del departamento de Matemáticas, que había sido compañera en el Curso de Adaptación Pedagógica durante el curso 2001-2002 y rival de las oposiciones en 2006, me informó de que había unos cursos *online* de la Universidad Camilo José Cela de Madrid, que solamente se contestaban a preguntas relacionadas con el material que te daban. Necesitaba puntos y los tuve que hacer.

El contenido de estos cursos podía resultar interesante, pero era casi inviable llevarlo a la práctica dado el alumnado que teníamos. Este contenido estaba relacionado con programas para enseñar a pensar a los alumnos, inteligencia emocional y también proyectos de investigación que querían, de alguna manera, que los docentes los conociésemos.

En menos de cuatro meses hice cuatro cursos. Tengo que decir que en el primero que hice vi la poca seriedad que tenían —aunque me favoreció—, porque había que contestar a unas cien preguntas, y yo contesté a unas diez con intención de saber si había contestado bien, pero me respondieron diciendo que el curso ya lo había hecho. Fue como el truco de la estampita. En los demás cursos no me ocurrió lo mismo y tuve que contestar a todas las preguntas.

Así las cosas, ya iba acumulando puntos y ya tenía tres puntos en el apartado de cursos de formación, de cuatro posibles. Otra cosa era la experiencia docente, en la que estaba empezando. Había que seguir adquiriendo experiencia.

CONVOCATORIA DE OPOSICIONES 2008

El hecho de estar trabajando en un IES es un privilegio, porque tienes la información sobre las oposiciones incluso mucho antes de ser convocadas, circunstancia que no se producía cuando no trabajaba en los IES antes de noviembre de 2007, entonces sabes aproximadamente cuándo van a salir, qué estructura van a tener las pruebas, qué tanto por ciento de valoración de las fases de oposición o de concurso o cuántas plazas van a salir. Una de las fuentes de información procede de los propios compañeros interinos de Matemáticas, que aunque son rivales, se habla de las oposiciones, y también de compañeros de otras asignaturas, que no son rivales. También los sindicatos, porque generalmente se dejan ver por los institutos cuando van a salir oposiciones —saben que es buena época para conseguir afiliados para autofinanciarse con sus cuotas semestrales o anuales y no fallan a la cita— y, sobre todo, cuando se aproximan las elecciones sindicales, pues necesitan votos. En 2008, por el motivo de la convocatoria de oposiciones, tuvimos la visita en los recreos del **IES Tomás Mingot** de representantes de todos los sindicatos de La Rioja. En el mes de marzo, a la hora del recreo vinieron dos representantes del sindicato STAR (Sindicato de Trabajadores de la Administración Riojana) para dar una charla. A una de ellas la conocía. Hablaron todo el tiempo sobre las oposiciones, confirmando que en La Rioja ese mismo año (2008) se iban a convocar. Entonces creí que era el momento de afiliarme y les pregunté cómo se podía hacer. La afiliación era sencilla, había que ingresar la cuota en un número de cuenta y rellenar una ficha con los datos, y en una casilla había que escribir un *email* para que a través de ese medio llegara toda la información. Ya estaba afiliado y, por lo tanto, mejor informado.

Al principio de año se habían convocado oposiciones en Navarra y en abril, como dos años antes, en 2006, y tal como había anunciado el sindicato STAR en aquel recreo en el **IES Tomás Mingot**, se publicó en el BOR

(Boletín Oficial de La Rioja) la convocatoria de oposiciones en Enseñanza Secundaria, y con más plazas que dos años atrás; se pasó de convocar cinco plazas a convocar veinte. Los requisitos habían cambiado por la ausencia de una prueba de problemas, la extracción de cinco bolas de setenta y un posibles, teniendo en cuenta que en las anteriores oposiciones fueron dos (favorecía claramente a quien se preparase pocos temas), las defensas de la programación y unidad didáctica iban a tener más importancia que nunca, favoreciendo descaradamente a los interinos que llevaban más tiempo en la enseñanza. En Navarra habían convocado unas ochenta plazas de Matemáticas en castellano con otras condiciones. Al final decidí hacer la solicitud en las dos comunidades. Para las defensas de la programación y la unidad didáctica había que tener en cuenta, por una parte, la nueva legislación estatal, la **Ley 2/2006, de 3 de mayo, de Educación**, es decir, la **Ley Orgánica de Educación (LOE)** y el **Real Decreto 1631/2006 de 29 de diciembre**, por lo que se establecían las enseñanzas mínimas en la ESO y, por otra parte, la legislación autonómica, con los decretos y órdenes correspondientes. En Navarra, por ejemplo, se denominan decretos y órdenes forales, porque Navarra es una comunidad foral.

¿En qué comunidad autónoma me presenté en 2008?

FINAL DE LA SUSTITUCIÓN

Hacia el mes de abril, después de Semana Santa —muy temprana ese año, porque fue en la última semana de marzo—, se sabía que a la profesora sustituida iba a volver para acabar el curso; no hay que olvidar que fue rival en el proceso selectivo del 2006 y fue una de las que consiguió una de las plazas. La razón era que podía ser vocal del tribunal de las oposiciones que iban a tener lugar en junio y julio de ese mismo año. La profesora intentó prolongar la baja por maternidad, pero no le dejaron. ¿Qué consecuencias podía tener este hecho?

La respuesta a la pregunta anterior es que no fueron buenas, porque si ya en la segunda evaluación hubo problemas de disciplina, al darse cuenta el alumnado de que yo no iba a acabar el curso, estos problemas se multiplicaron e incluso algunos padres les daban la razón a los hijos. La razón era que sabían que no les iba a evaluar y se portaban cada vez peor. Fue el infierno del **IES Tomás Mingot**.

Lo peor fue cuando le dieron el alta. Nos reunimos y le informé de cómo había sido el período en que estuvo ausente, le expliqué con el cuaderno del profesor la evolución de cada alumno, exámenes realizados, etc. No estaba contenta con cómo había impartido la asignatura de Matemáticas, y eso se notaría en un futuro. Lo cierto es que cuando cogí el relevo me encontré con que los grupos de 4.º de ESO B tenían la primera evaluación suspendida prácticamente y costó trabajo que recuperaran. Por una parte, recibía presión por parte de las familias para que el porcentaje de aprobados subiera y, por otra parte, la jefa de departamento del momento me insistía en que debía meter caña para que al llegar a Bachillerato tuviesen el nivel adecuado. Los dos acontecimientos son muy difíciles de conseguir, porque si quieres exigir nivel tiene que ser haciendo una buena criba en las evaluaciones, y para ello debes soportar críticas de los padres. ¿Qué era lo mejor? ¿Quedar bien con los padres o con la jefa de departamento?

Era evidente una circunstancia —que he vivido posteriormente como funcionario y como interino—, y es que no es lo mismo que suspenda mucho el docente X que suspenda el docente Y, porque un docente va a estar más protegido que otro a la hora de llegar las reclamaciones por parte de los padres, así como por otros compañeros de la comunidad educativa. Por ejemplo, la labor de la profesora a la que había sustituido no era cuestionada de ningún modo.

Unos diez días después de acabar mi primera sustitución en el **IES Tomás Mingot**, se publicaron las listas de los tribunales de las oposiciones de educación en La Rioja de las especialidades convocadas, y en matemáticas apareció como vocal la profesora sustituida. Se confirmó lo que se pronosticaba: al no haber muchos candidatos para estar en el tribunal, a la profesora que sustituí no le ampliaron la baja, por lo que tuvo que incorporarse al curso, acabando mi sustitución. Ese acontecimiento, para mis intereses teniendo en cuenta que a la profesora sustituida no le había gustado mi trabajo, ¿sería positivo o negativo?

ÚLTIMO ESFUERZO PARA PREPARAR LAS OPOSICIONES 2008

A mediados de mayo se me había acabado la sustitución y la razón fue sencilla: a la profesora no le quisieron prolongar la baja por maternidad porque le podía tocar ser vocal del tribunal de matemáticas, como finalmente ocurrió. Quedamos para hablar de la sustitución, pero no le gustó cómo había dado las clases; eso no quiere decir que lo hubiera hecho mal. En cualquier caso, mal presagio.

Faltaba poco para las pruebas, me había matriculado en La Rioja y en Navarra, pero tenía presente que iba a ser en La Rioja. Todos los días, como en el último mes previo a las oposiciones en 2006, iba a Logroño, a la biblioteca de la universidad concretamente, y allí estudiaba los resúmenes de los temas, no los problemas, porque en esa convocatoria no había. Recordaba a los organizadores del Giro de Italia, que diseñaban recorridos sin grandes montañas para que sus corredores Moser y Saronnni, buenos corredores pero algo alérgicos a la montaña, ganasen el Giro de Italia. Lo mismo sucedía al principio del siglo XXI con los interinos con experiencia para que consiguiesen la plaza. Durante el trayecto Aldeanueva de Ebro-Logroño y viceversa, escuchaba los resúmenes de los temas leídos por mí, ya que me había autograbado, que era otra herramienta más para que me aprendiese los temas.

Había que adaptarse a las condiciones de la convocatoria de este proceso selectivo. No había pruebas eliminatorias, por lo que tenía que prepararlas todas: la defensa de la programación y la unidad didáctica también. Tengo un primo que es profesor de la Universidad de La Rioja y en aquel entonces también lo era, pertenecía y pertenece al Departamento de Ingeniería Eléctrica, concretamente. Me facilitaba aulas con pizarra para preparar mi programación y las unidades didácticas. Algún día, cuando mi primo tenía un rato libre en compañía de algún compañero de departamento, les exponía la programación, me hacían preguntas y críticas constructivas. La verdad es que me ayudaron mucho. También expuse ante compañeros que me habían ayudado del Departamento de Matemáticas y Computación de la Universidad de La Rioja, y al ser profesores de Matemáticas me ponían más pegas, pero me ayudaban mucho. Por último, expuse en la sede del sindicato STAR, al que poco antes me había afiliado. ¿Había conseguido las suficientes destrezas y habilidades para defender la programación y la unidad didáctica correspondiente con éxito el día de la encerrona?

16. Oposiciones 2008

UNA DECISIÓN ERRÓNEA

Al principio del año 2008, me había matriculado en las oposiciones de La Rioja y de Navarra. Seguramente, tendrían lugar el mismo día y a la misma hora (el trayecto en coche desde Logroño y Pamplona es de una hora), para que los opositores no se presentaran en ambas comunidades, pero no se podía saber con total seguridad. Al final fueron el mismo día y a la misma hora, como era de prever.

El sistema de oposición había cambiado, ya que habían quitado los problemas de matemáticas, favoreciendo al interino que apenas estudia para este tipo de eventos, porque estaban muy cómodos en la lista y todos los cursos tenían la posibilidad de coger vacante completa y cerca de su casa. En ese año los interinos que llevaban tiempo en la enseñanza tenían otras ventajas añadidas: no tener pruebas eliminatorias, defender una programación de un curso (30 % de la nota de oposición) y una unidad didáctica (otro 30 %), una circunstancia que claramente les favorecía ya que habían trabajado mucho con estos aspectos y sabían más con respecto al docente novel. Además de eso, ya no salían dos bolas para desarrollar el tema de los setenta y un posibles, sino cinco bolas.

En Navarra todavía era más fácil el sistema de oposición: había que desarrollar un tema —sobre cinco posibles— y defender la programación didáctica de un curso, como en La Rioja, pero había una gran diferencia, porque había que elegir entre defender la unidad didáctica o presentar un informe evaluado por el equipo directivo del instituto en que el docente trabajaba, aunque no fuese de la especialidad. Por lo tanto, todos los interinos que se presentaron en Navarra presentaron informe.

¿Por qué fue una decisión errónea? En primer lugar, por el número de presentados, porque en La Rioja el número de opositores se incrementó —

fuimos más de doscientos opositores los que nos presentamos— con respecto al 2006, año en que fueron unos ciento veinticinco, para un total de veinte plazas. En Navarra solo se presentaron unos ciento cincuenta para un total de ochenta plazas. En segundo lugar, los que presentaron el informe en Navarra salieron bien parados porque el equipo directivo de cada IES lo valoró muy bien, ya que muchos fueron a la oposición con tres puntos en el bolsillo. Era mucho más fácil aprobar la oposición en Navarra aquel año, y eso que no tenía muchos puntos en cuanto a experiencia docente y cursos.

Fue un gran error presentarme en La Rioja, que estaba preparado para que interinos que llevaban tiempo consiguiesen su plaza, ya que la fase de concurso valía mucho y tenían muchos puntos de experiencia docente. Hay que tener en cuenta que algunos llevaban desde 1992 haciendo sustituciones y ocupando vacantes. Una oposición que luego describiré, en la que no salí reforzado, ya que intervinieron varios factores. Fue una decisión errónea y una gran ocasión perdida para obtener una plaza, circunstancia que conseguí dos años después.

DESARROLLO DEL TEMA EN LAS OPOSICIONES 2008

El 20 de junio tuvo lugar la primera prueba de la fase oposición. Fue el desarrollo del tema. Eran las 16:00 horas y nos designaron el aula donde teníamos que hacer esa primera prueba. Como en las anteriores ediciones, los miembros del tribunal pidieron voluntarios para ser testigos directos en la elección de las cinco bolas de las setenta y una posibles —por primera vez en mi historia de las oposiciones, porque no hay que olvidar que tanto en 2004 como en 2006 fueron dos—, para que cada opositor eligiera una de entre las posibles cinco. Los voluntarios entraron al aula junto con un miembro del tribunal, afirmaron que esas eran las bolas que habían sido sacadas y el miembro del tribunal escribió los cinco temas correspondientes a las bolas sacadas.

Era una experiencia inédita para mí, puesto que en 2004 y en 2006, al tener que desarrollar un tema sobre dos posibles, siempre había uno que era capaz de desarrollar bastante mejor que el otro. En esta situación era más difícil que el opositor que apenas había estudiado saliese airoso, pero en esta ocasión era relativamente fácil que el que se preparase unos diez temas lo pudiese desarrollar con éxito. Pero ¿cómo elegí en 2008 el tema a desarrollar?

De los cinco temas que salieron me gustaban tres. Uno de ellos lo descarté al recordar que algunos de los apartados que me tocaba explicar no los dominaba mucho; era el tema 54, «Las cónicas como secciones planas de una superficie cónica». Me quedaban dos: el 19, «Determinantes. Propiedades. Aplicación al cálculo del rango de una matriz», y el 50, «Introducción a las geometrías no euclídeas: geometría esférica». El tema 19 era un tema que se podía desarrollar con el contenido de la asignatura de Matemáticas II de 2.º de Bachillerato, pensé que muchos lo elegirían y por eso me decidí por desarrollar el 50. El tema 50 me lo había preparado incluso el compañero del Departamento de Matemáticas y Computación, Víctor Lanchares Barrasa, que me había traducido de un libro en inglés las demostraciones del teorema del seno y el coseno esférico. Pensaba que iba a gustar, pero me equivoqué. Hubiese sido mejor haber desarrollado el 19, que en general los opositores no lo hicieron tan bien.

LA ENCERRONA DE LAS OPOSICIONES 2008

El 30 de junio, a las 9:00 horas estaba convocado para realizar la última prueba de las oposiciones. A esa hora me presenté en el **IES Duques de Nájera**, como el resto de convocados. Todos los miembros del tribunal ya me conocían y me llamaban por mi nombre. Tras presentar el DNI, nos leyeron las instrucciones sobre la prueba. Había que defender la programación durante media hora y la unidad didáctica durante veinte minutos, y debíamos sacar tres bolas, de las que una de ellas debía ser la unidad didáctica que finalmente debíamos defender. Una vez hecho este trámite me llevaron a un aula, donde debía estar una hora sin salir de ella con todo el material que considerábamos oportuno para preparar la defensa, tanto de la programación como de la unidad didáctica. En esa aula no había tizas, así que se lo dije, pero no hicieron ni caso. ¡Mal presagio!

El tiempo transcurrió y me llamaron para defenderla. En principio estaba tranquilo, puesto que había trabajado bien ambas exposiciones. Durante la exposición de la programación estaba tranquilo y solamente me hicieron una pregunta que respondí bien. El problema llegó cuando al final de la exposición de la unidad didáctica, me hicieron muchas preguntas de «acoso y derribo». Me sentí muy tenso. Al final, el presidente del tribunal me dijo al realizar la última pregunta: «Se acabó la tortura», y me despedí. Salí con la idea de que el hecho de que me conociesen no me había favorecido nada y que para otras convocatorias era mejor defender una programación y unidad didáctica que hubiese impartido en un IES. El trabajo estaba hecho, pero era complicado que aprobase, aunque tenía confianza en el tema que había desarrollado diez días antes y que pudiera compensar. Tampoco había defendido mal la programación. ¡Había que esperar!

Reclamación al tribunal de oposición

A principios de julio salió el resultado en la web de Educación de La Rioja. Suspendí con un 4,375.

No estaba en absoluto de acuerdo con mi resultado en estas oposiciones. La nota era única (4,375), sin desglosar, así que no sabía qué calificación había obtenido en cada una de las partes (tema a desarrollar, programación y unidad didáctica). Fui a la sede del sindicato STAR para hacer un escrito. El compañero del sindicato me felicitó por el resultado, argumentando que habían hecho un corte con los veinticuatro primeros y los siguientes les habían bajado la calificación, que posiblemente, en principio, estaba aprobado. También me dijo que si hiciera una reclamación no iba a servir para nada.

El compañero del sindicato me ayudó a hacerla, quería ver el examen escrito —que desde mi punto de vista estaba bien— y sobre todo saber qué calificaciones había obtenido en las distintas pruebas. Unos diez días más tarde recibí una carta del tribunal, contestando que, según las bases de la convocatoria, se daba la nota global de cada uno y si no estaba de acuerdo debía hacer un recurso de alzada. No merecía la pena, dada mi experiencia en las oposiciones. De las tres veces que me había presentado (2004, 2006 y 2008), era en la que menos transparencia hubo. Los resultados de las oposiciones en Navarra dos años más tarde dejarían la justicia de este tribunal en entredicho.

BALANCE DE LAS OPOSICIONES 2008

A pesar del resultado (no aprobar la oposición, obteniendo una califica-ción de 4,375), no se puede decir que hubiese decepcionado en las pruebas, puesto que había mejorado mi rendimiento comparado con el ofrecido en las oposiciones de 2004 (4,6 en la primera fase) y 2006 (aprobada la primera fase eliminatoria, pero un 2,2 en la segunda). Como me habían informado en el sindicato STAR, fue una calificación más que digna —había otros oposi-tores afiliados al sindicato que lo habían hecho peor— y no había hecho el ridículo ni muchísimo menos. Además, haber aprobado la primera fase en la oposición 2006 me garantizaba coger vacante el siguiente curso 2008-2009, ya que guardaban la nota durante dos convocatorias. Había opositores que estaban delante de mí en la lista de interinos antes de la oposición y habían hecho el ridículo, pues habían obtenido una calificación bastante inferior a 4, y quedaron por detrás de mí cuando hicieron la nueva valoración después de la celebración de este proceso selectivo. No obstante, había cosas que corregir —cometí algunos errores— de cara a la siguiente convocatoria de oposiciones y saqué las siguientes conclusiones:

1. Dadas las circunstancias, era más viable y me daba más posibilidades de éxito presentarse en Navarra que en La Rioja, aspecto comentado ante-riormente, por el ratio de una plaza por cada dos opositores en Navarra, y una plaza por cada diez opositores en La Rioja, y por el regalo en la unidad didáctica en Navarra a los que presentaban informe.

2. Me equivoqué en el tema a desarrollar. Había uno de un nivel de 2.º de Bachillerato (determinantes) y no lo elegí porque quería lucirme con otro de mayor dificultad (geometría esférica). Un gran error porque todos los temas valen lo mismo y si hubiese obtenido el tema de determinantes, lo habría hecho mejor, logrando una mejor calificación.

3. Me equivoqué al elegir el nivel al defender la programación didáctica. Elegí 2.º de Bachillerato, que no había impartido nunca en un instituto hasta ese momento. Lo lógico hubiera sido hacer una programación de un curso que ya hubiese impartido para poder responder mejor.

Por otra parte, hay otras variables incontrolables, como el sorteo de tribunales; los miembros eran conocidos y esa coyuntura no me favoreció absolutamente nada. Dos años más tarde defendí la programación de la misma forma que lo había hecho en esta oposición y me dije a mí mismo: «Si el resultado es el mismo, mi trabajo no vale para nada, pero si es diferente, hay que poner en duda el método de evaluación del tribunal». ¿Qué resultado obtuve en 2010?

Lo que quedó claro —incluso las personas que aprobaron están de acuerdo— fue que los requisitos de la convocatoria favorecieron claramente a los interinos que llevaban tiempo dando clase (tener cinco temas para elegir uno, ausencia de la prueba de problemas, más valor a la programación, a la unidad didáctica y, por supuesto, a la fase de concurso).

17. Curso académico 2008-2009

ELECCIÓN DE VACANTE PARA EL CURSO 2008-2009

Una vez acabado el proceso selectivo del 2008, se hizo una nueva baremación con las calificaciones del proceso selectivo y los méritos presentados al hacer la matrícula para esas oposiciones. Estaba claro que a pesar de no aprobar (la calificación de 4,375 no era absolutamente mala), iba a superar a algunos rivales de la oposición en la lista; por otra parte, había conseguido más puntos por la realización de cursos de formación homologados por el Ministerio de Educación. Todo esto hizo que avanzara muchos puestos en la lista de interinos y pudiera coger una vacante desde principio de curso sin problemas. También publicaron una lista de las vacantes disponibles para el comienzo de curso 2008-2009. Había muchas en La Rioja Baja, vacantes en los IES de Calahorra, Alfaro y Arnedo, pero muchas de ellas no eran completas.

A la hora de pedir las vacantes fui a la sede del sindicato STAR a finales de julio, puesto que habían convocado una charla para explicarnos cómo teníamos que pedir las vacantes. Si había treinta vacantes y tenía por encima de mí a veinticuatro profesores, debía escribir veinticinco (no era obligatorio escribir los treinta). En mi caso, era el último de los que elegían; si había treinta, estaba el trigésimo. Seguí las pautas que nos había marcado el compañero del sindicato a rajatabla: ir a la sede de Educación de La Rioja con la solicitud debidamente cumplimentada para presentarla. La última semana de julio publicaron un listado provisional de vacantes, y mi nombre no aparecía. ¡Algo fallaba! Observé que entre los que habían cogido vacante estaba la persona que estaba por detrás de mí en la lista de interinos, por lo que llamé al sindicato y quedé con el compañero del sindicato STAR al día siguiente.

Al observar el fallo, volví a pensar en negativo —ya me habían pasado varias cosas negativas— porque podía pasar que el tribunal que me había evaluado en las oposiciones no hubiese aceptado mi reclamación y hubiera tomado represalias. No ocurrió nada de eso, simplemente fue un error, me dijo mi compañero del sindicato, que me ayudó a hacer un escrito dirigido a Recursos Humanos del Departamento de Educación, que era a donde había que dirigirse. Todo salió bien, puesto que en la primera semana de agosto salió un nuevo listado y me adjudicaron una vacante; eso sí, no era completa, eran dos tercios de jornada. La vacante era en el **IES Valle del Cidacos** de Calahorra.

Comienzo del curso 2008-2009

El 2 de septiembre fui al **IES Valle del Cidacos** por primera vez. Pregunté en consejería y me presentaron al director, que me dio la bienvenida y me dijo que se iba a estudiar que la vacante de dos tercios de jornada se convirtiese en completa. Enseguida conocí a mis compañeros de departamento, entre los que había una cara conocida: una era la esposa de un exprofesor de Física que tuve en la etapa en la que estudié la Ingeniería Técnica en Hortofruticultura y Jardinería en Logroño. Ella iba a ser durante todo el curso 2008-2009 mi jefa de departamento. También iba a tener de compañeros a dos rivales de la oposición de 2008, un compañero y una compañera, con los que me llevé muy bien durante todo el curso. La jefa de departamento me explicó que la mayoría de mi horario iba a ser vespertino y que mis alumnos iban a ser adultos, que tenían el título de grado medio y que tenían que hacer un curso de acceso a grado superior. Esa primera semana de septiembre me dijeron que no era necesario que fuese porque tenían lugar los exámenes de la convocatoria de septiembre, todavía correspondiente al curso 2007-2008, y su correspondiente junta de evaluación con los docentes que habían dado clase a esos alumnos suspendidos.

A la semana siguiente, tuvo lugar la elección de asignaturas, un acto en el que no estuve presente, porque tuve que ir a Logroño a firmar el contrato del nuevo curso 2008-2009. Aunque había opción de que mi vacante se convirtiese en completa, al final se quedó en dos tercios, como al principio. Era una vacante y no una sustitución como en el curso anterior 2007-2008, en el **IES Tomás Mingot**, por lo que iba a trabajar interrumpidamente hasta junio, pero solamente trece horas lectivas y sin guardias. El inconveniente estaba claro, que iba a cobrar el 66 % de la jornada completa. De las trece horas lectivas semanales, ocho las iba a tener por la tarde con dos grupos de CPA (curso de acceso a grado superior), siendo tutor de uno de ellos, y otras también por la tarde para alumnos de 2.º de ESO que tenían pendientes las matemáticas de 1.º de ESO. Las de por la mañana iban a ser dos horas a un grupo de 1.º de ESO, en las que impartía una asignatura optativa llamada Taller de Matemáticas, y las otras dos horas como profesor de apoyo de dos alumnos de 2.º de ESO con necesidades especiales: ayudar a un alumno con síndrome de Down y a otra alumna normal, pero con dificultades a la hora de hacer las operaciones básicas, como sumar, restar, multiplicar y dividir. *A priori,* el trabajo parecía ser bastante más llevadero que en el curso anterior, cuando todo el alumnado era de la ESO.

En el curso de CPA estaba obligado a dar todo el temario establecido por la ley, puesto que todo su contenido era susceptible de ser puesto en la prueba de acceso a grado superior al final de curso (junio de 2009). Había dos exámenes por evaluación y en la primera evaluación hubo muchos suspensos en Matemáticas, incluso este dato fue destacado en el claustro por el director del Valle del Cidacos de aquel curso, pero no fui cuestionado como en el anterior centro. Las calificaciones de Lengua e Inglés de este nivel eran bastante mejores que las de Matemáticas, pero ello no me supuso alguna llamada al orden por parte del equipo directivo. ¿Estaba haciendo las cosas bien?

En cuanto al grupo de 1.º de ESO en la asignatura de Taller de Matemáticas, el alumnado estaba contento conmigo y su tutora me decía que de su grupo tenía buenas críticas. No puedo decir lo mismo del grupo de 2.º de ESO con Matemáticas pendientes de 1.º de ESO, que venían a clase a portarse mal directamente y no aprender. Hubo que llamar a más de un padre para que corrigiesen su comportamiento. En cuanto a los alumnos con adaptaciones curriculares, el alumno con síndrome de Down era un desobediente y hubo que castigarle en más de una ocasión, no estaba contento conmigo, mientras que la otra alumna, por el contrario, sí.

Curso 2008-2009 (II)

La segunda parte del curso cambiaron las tornas: los alumnos de CPA (curso de acceso a grado superior) empezaron a tener mejores resultados en Matemáticas, aunque había alumnos que ya no asistían a clase con regularidad, y los alumnos de 1.º de ESO ya no obtenían tan buenos resultados en su segunda evaluación. Los alumnos con adaptación curricular significativa seguían igual. Se hacía lo que se podía.

En cuanto al comportamiento era bueno en general, aunque con alguna excepción. Por ejemplo, hubo una alumna que me contestó muy mal faltándome al respeto y la expulsé de clase. La alumna abandonó el aula y se encendió un cigarro antes de salir por la puerta del **IES Valle del Cidacos**. Una profesora fumadora, que tenía que salir a fumar muy lejos, le llamó la atención y la alumna le respondió con arrogancia: «¡Que ya te he oído!». Se había ganado dos partes de conducta. Al día siguiente llamé a su casa y su padre me respondió que detestaba la actitud de su hija, pero que le tenía miedo. Comprobé una vez más que la culpa del mal comportamiento de los alumnos la tienen los padres.

Al final del curso, los alumnos de CPA debían hacer frente a la prueba de acceso a grado superior. Los resultados en Matemáticas fueron mejores que en Lengua y en Inglés, los alumnos salieron muy contentos y algunos de ellos me lo agradecieron porque, como no podía ser de otra manera, el resultado estaba relacionado con lo sucedido en el curso. Mis exámenes eran más exigentes que lo que se iban a encontrar en la prueba de Matemáticas, y suspender en la primera y la segunda evaluación les vino muy bien. Una circunstancia de la que salí muy reforzado, porque aposté por preparar a los alumnos bien y el equipo directivo no me metió presión cuando los alumnos suspendían.

Encuentro con un miembro del tribunal

El curso 2008-2009 fue positivo no solo porque los alumnos aprendieron mucho y no me dieron problemas de disciplina, sino porque participé en las pruebas que iban a tener tanto los alumnos que querían pasar a grado medio como a grado superior en La Rioja. Me sentía como uno más del Cuerpo de Profesores de La Rioja, aunque fuese como interino. Hice una propuesta de examen para cada nivel y me publicaron la prueba de Matemáticas para acceder a grado medio en su totalidad. Los alumnos que querían hacer grado medio tuvieron que hacer todos los ejercicios de la propuesta de examen.

A mediados de mayo tuvimos una reunión en el **IES Duques de Nájera** de Logroño todos los profesores que impartíamos las asignaturas de Matemáticas, Lengua Castellana y Literatura e Inglés en curso de acceso a grado superior. De Calahorra salimos una hora antes de la reunión hacia Logroño el compañero de Inglés y yo. ¿La compañera de Lengua Castellana y Literatura? Pues no apareció en la reunión. Al día siguiente nos dijo que se le había pasado sin ningún pesar; era la más reivindicativa del claustro del **IES Valle del Cidacos** de Calahorra en cuanto a sus derechos, pero el caso es que aquel día sus deberes no los cumplió. La reunión en principio era general, pero luego nos reunimos en privado los profesores de cada asignatura. En la reunión de matemáticas había un conocido, era un vocal del tribunal —en ese momento trabajaba en el centro de adultos Plus Ultra de Logroño— que me había examinado en el 2006. Tras la reunión charlamos sobre aquellas oposiciones. Me dijo que en aquel momento me faltaba experiencia docente, pero que había hecho una buena primera prueba. También hablamos sobre el curso CPA y me dijo que lo estaba impartiendo bien, e incluso iba más adelantado que él con el temario. La reunión fue muy positiva.

Un curso académico muy positivo

El curso académico 2008-2009 fue un éxito en lo que a mí se refiere, al menos en lo académico. No es que aprobasen todos los que se habían matriculado en el curso de acceso a grado superior (CPA), sino que acabé satisfecho de lo que habían aprendido los alumnos y, sobre todo, por la valoración de estos del trabajo realizado, ya que se veían preparados para afrontar la prueba de Matemáticas con garantías, porque los problemas que se podían encontrar en la prueba ya los habíamos hecho en clase y en los últimos exámenes habían demostrado que los sabían resolver.

Los alumnos de los cursos de acceso a grado superior habían obtenido una nota en Matemáticas por encima de sus expectativas, a pesar de los resultados más que discretos en las dos primeras evaluaciones. Comprobaron que al principio de curso no estaban preparados para superar la prueba, pero con esfuerzo en clase y fuera de clase lo habían logrado. Se verificó una vez más que el trabajo es el camino adecuado para lograr el éxito.

Hay que tener en cuenta que las notas del curso les podían sumar hasta 1,5 puntos en cada prueba (Matemáticas, Lengua e Inglés). En las reuniones de evaluación, el jefe de estudios nos insistía en que había que redondearles las notas, y le respondía que estaba de acuerdo, pero que había que hacerlo en los casos en que lo requiriesen, porque había alumnos con muy buena actitud y otros, en cambio, incluso habían tenido mal comportamiento. Hubo un alumno que, un día antes de la reunión de evaluación, fue a jefatura de estudios a protestar contra mi persona por un examen que les había puesto para mejorar su calificación. El alumno se dirigió al jefe de estudios de la siguiente manera: «Que Ricardo ha hecho un examen para mejorar nuestra nota y les va a subir a todos menos a mí». Y el jefe de estudios le contestó: «Agradecido deberías estar a Ricardo por hacer un examen de esas características. Anda, marcha de aquí, desagradecido». En la evaluación se comentó, el alumno tenía de media un 7,5 en Matemáticas y yo decidí ponerle un 7. El alumno se me acercó al final de la última clase y me dijo: «¡Estarás contento, porque más no me puedes hundir!». Yo le contesté que su actitud negativa había hecho que no subiese su nota, y luego su tutora, que estaba cerca, le dijo: «Tienes lo que te mereces, y ojalá no te vea nunca más». Fue un poco desagradable, pero al fin y al cabo se hizo justicia. La verdad es que me sentí apoyado, no como en el IES anterior, el **IES Tomás Mingot**, porque se confió en mí, incluso cuando suspendía el 70 % de la clase.

Los resultados de la prueba de Matemáticas fueron mejores que los de Lengua e Inglés, mereció la pena meterles más caña al principio. Casi todos nuestros alumnos tuvieron plaza en el ciclo de grado superior que deseaban. En particular, hubo alumnas que comenzaron el curso en la asignatura de Matemáticas muy mal —por su mala base, fundamentalmente—, se perdían con facilidad en las explicaciones, con la dificultad de que no podía pararme mucho porque tenía que dar el temario completo, y al realizar los ejercicios y problemas aplicados a la teoría se les podía observar claramente sus carencias, pero acabaron el curso aprobando la tercera evaluación y aprobando las pruebas de acceso en La Rioja y en la comunidad autónoma vasca, unas pruebas que tenían lugar en la ciudad vizcaína de Barakaldo. Una de ellas es Rebeca Calvo Calonge, cuya evolución en las calificaciones de la asignatura fue claramente de menos a más. Obtuvo unas calificaciones en los exámenes de la primera evaluación inferior a un 3, en la segunda evaluación comenzó a aprobar los exámenes y ya en la evaluación final aprobó la asignatura. En las pruebas de acceso también aprobó, y esa circunstancia dice que el trabajo por parte de la alumna y el mío fueron más que positivos. La base de matemáticas era muy mala, pero con trabajo y fe —que mueve montañas— todo es posible. Cabe destacar, además de la satisfacción de la alumna por el hecho de haber aprobado y por haber aprendido mucho, el reconocimiento de sus padres por el trabajo realizado. El trabajo es muy fácil cuando tienes alumnos que cuentan con una buena base en matemáticas y obtienen una calificación de sobresaliente, pero todo se complica cuando tienes alumnos que necesitan aprender lo del curso correspondiente y también lo que no han aprendido en cursos anteriores. En conclusión, en este curso de CPA llegué a la conclusión de que querer es poder, y si el alumnado quiere y trabaja, lo que en principio no es posible se puede realizar. Gracias a alumnos y alumnas como Rebeca, por su trabajo y confianza hacia mi persona, porque hizo posible lo que parecía imposible.

El otro grupo que tenía, el de Taller de Matemáticas de 1.º de ESO, también acabó contento, a pesar de haber suspendido a algún alumno por su actitud pasiva al final de curso. Los alumnos con necesidades especiales de 2.º de ESO que tenía también terminaron satisfechos. El curso 2008-2009 en el **IES Valle del Cidacos** de Calahorra fue muy positivo para mí y parecía que me estaba adaptando al momento actual de la enseñanza.

18. Comienzo del curso 2009-2010

Elección de la vacante para el curso 2009-2010

Durante el verano de 2009 había que estar pendiente de la fecha para la adjudicación de vacantes. Salieron unas listas provisionales de nuestra posición en la lista de interinos —que al final marca el orden de elección de las vacantes— y no habían cambiado prácticamente respecto al 2008, pero el sindicato STAR mandó varios correos electrónicos diciendo que había varios cambios al recibir las vacantes.

A mediados de julio, en la sede del sindicato STAR tuvimos una reunión no obligatoria, pero que era necesaria para tener conocimiento de las nuevas instrucciones a la hora de elegir la vacante. Hubo cambios significativos con respecto a años anteriores, el principal era que la solicitud no se iba a hacer por escrito, sino mediante otro nuevo sistema; la firma digital, un sistema muy avanzado que había venido para quedarse; posteriormente, las vacantes se pidieron mediante este sistema. El compañero del sindicato nos dio su opinión de que era un buen sistema, pero que no debería ser obligatorio porque había compañeros que no se habían adaptado bien a las nuevas tecnologías. El sindicalista nos explicó cómo teníamos que hacer nuestra firma electrónica y cómo teníamos que pedir las vacantes y nos dio unas hojas impresas de un tutorial con los pasos que teníamos que dar, y nos ofreció que, si en alguno nos estancábamos, llamáramos. No sin dificultades, logré tener una firma digital y, a través de ella, pedir las vacantes, pero las nuevas tecnologías se me atragantaban una vez más.

En cuanto a las vacantes, la que más me gustaba era la del CEPA (Centro de Educación para Personas Adultas) en Calahorra, porque en las clases no iba a tener problemas de disciplina. A continuación, había varias de los institutos de Calahorra, Alfaro y Arnedo que me interesaban, pero la mayoría no eran completas, y las que eran completas estaban adjudicadas con casi total seguridad (había conocidos de La Rioja Baja que estaban por delante de mí).

Había una vacante con horario completo en Autol, pero en Autol no había un instituto, sino que era una sección perteneciente al **IES Celso Díaz** de Arnedo. Había que rellenar la solicitud, y el orden de elección fue el siguiente: en primer lugar, puse la vacante del CEPA de Calahorra; a continuación, las vacantes completas de los institutos de Calahorra, Alfaro y Arnedo (unas cinco), y luego la vacante de Autol. No hay que olvidar que había que completar las vacantes hasta llegar al número de la lista que estaba como interino (si estaba el trigésimo, había que poner treinta vacantes). Lo completé con vacantes completas de IES de Logroño. En la adjudicación provisional de vacantes a finales de julio, me adjudicaron la vacante en la sección de Autol, circunstancia que se iba a repetir quince días más tarde en la adjudicación definitiva, ya en el mes de agosto. La vacante era para impartir clase de Matemáticas en 1.º de ESO y 2.º de ESO a cuatro grupos y la optativa de Taller de Matemáticas a uno de los niveles, para completar el horario lectivo de dieciocho horas. ¿Sería una buena elección? ¿Me arrepentiría de ello?

El paso de un centro educativo a otro

Durante el mes de agosto se publicó la adjudicación definitiva de vacantes y no hubo sorpresas; es decir, durante el curso 2009-2010 trabajaría en el colegio de Autol, un centro adscrito al **IES Celso Díaz** de Arnedo. El 31 de agosto fui a ese centro educativo a Autol para informarme de cómo se trabajaba en ese lugar. Hablé con la jefa de estudios y me dijo lo que me imaginaba: iba a impartir Matemáticas solamente al primer ciclo de la ESO (los niveles de 1.º y 2.º) y una tutoría. No iba a impartir otra asignatura para completar horario, como el caso de otros compañeros. Para terminar la reunión, me dijo que el 4 de septiembre, como todos los docentes del centro educativo de Autol, estaba convocado en el **IES Celso Díaz** para estar presente en el primer claustro del curso académico 2009-2010.

A finales de agosto, una compañera de nuestro departamento organizó una comida en su pueblo, Pradejón, y fuimos todos los compañeros del departamento del curso anterior. ¿Por qué recuerdo esta comida tan bien? Por la sencilla razón de que el siguiente curso (2009-2010) no volví a tener ninguna con compañeros y compañeras de Matemáticas, fue mi última comida de estas características en la comunidad autónoma de La Rioja. Después de la primera jornada de los exámenes de septiembre, se hizo la comida y sirvió de despedida para dos docentes del Departamento de Matemáticas que no íbamos a repetir en el **IES Valle del Cidacos**.

Los exámenes de septiembre en el centro educativo anterior (IES Valle del Cidacos) que debían hacer los alumnos que habían suspendido en junio tuvieron lugar el 1, 2 y 3 de septiembre de 2009, siendo el 4 de septiembre la sesión de evaluación. No hubo muchos cambios en general, pero en mi asignatura Taller de Matemáticas recuperaron la mayoría de los alumnos que habían suspendido.

El mismo 4 de septiembre, después de despedirme de parte de los compañeros del claustro, de los miembros del equipo directivo y conserjes, partí del **IES Valle del Cidacos**. Había sido un curso muy bueno para mí. Fui al **IES Celso Díaz** para estar presente en el primer claustro del año. En ese primer claustro nos dieron las instrucciones de principio de curso y el material necesario (cuaderno del profesor, bolígrafos, un lápiz y una goma), lo único que no iba a coincidir fue el calendario, ya que la siguiente semana iban a ser las fiestas patronales de Autol. Eso significaba que no iba a haber clase y prácticamente consumíamos la mitad de los días no lectivos del curso.

19. Primera parte del año 2010

Este año fue decisivo en mi vida como docente, ya que fui testigo de lo mejor y de lo peor. En este apartado redactaré cronológicamente los hechos ocurridos desde el comienzo del año hasta el final del verano de ese mismo año.

El curso 2009-2010 no podía acabar bien

El curso 2009-2010 no había comenzado bien, hubo problemas de disciplina con varios alumnos de 2.º de ESO de los dos grupos, A y B. Al alumno más conflictivo de 2.º de ESO B incluso se le cambió de clase para que no coincidiéramos, gracias a la compañera Pepa García Muñoz, profesora de Tecnología, que se ofreció a tenerlo en la suya, pero se portaba mal en su clase también para volverse a la mía. Los alumnos de 2.º de ESO se portaban mal no solo en mis clases, sino también en el recreo cuando nos tocaba cuidar el patio a mi compañero de Francés, Eduardo Casaus, y a mí; en el resto de las guardias de recreo, su comportamiento era otro. El problema se acentuó cuando los alumnos de 1.º de ESO también comenzaron a hacer de las suyas.

Había tenido problemas con mi bata, puesto que me la habían pintado con bolígrafos y rotuladores. Yo pensaba que eran los alumnos de 2.º de ESO, pero no. Ya casi al final del curso, un alumno de 1.º de ESO confesó que me había pintado la bata en más de una ocasión, y su madre se comprometió a comprarme otra bata, cosa que no sucedió. El problema no solo se limitó a lo ocurrido en las aulas, sino que se extendió a las redes sociales. El equipo directivo había descubierto en internet varias viñetas contra mi persona. En una de ellas aparecía Bart Simpson escribiendo varias veces «No dejaré de pintar la bata a Ricardo». Este acontecimiento, unido a otro que ocurrió en el aula de 2.º de ESO A, en el que aprovechando un momento que estaba escribiendo en la pizarra, un alumno se bajó los pantalones y los calzoncillos mientras otro lo grababa, luego lo subieron a internet, pero yo no me había enterado de nada. Este acto ocurrió el 23 de febrero de 2010. ¡Menuda efeméride! Al día siguiente, Pilar Alonso Zayas me llamó al despacho. En esa reunión me dijo que iba a llamar a la inspectora porque había muchos indicios de que no sabía controlar una clase en Enseñanza Secundaria. También me dijo que esos alumnos iban a ser duramente sancionados.

Reunión clandestina

Fue una reunión que convocó la jefa de estudios en la sala de profesores. Fue convocado todo el claustro de Autol, excepto yo; aprovechó que estaba dando clase y me enteré posteriormente. ¿Por qué? Porque la miembro del equipo directivo de la sección de Autol quería comunicar «mi incapacidad de llevar las clases» y debía llamar a la inspectora para incoar un expediente. Hubo profesores que estaban muy de acuerdo con esa postura, que eran, fundamentalmente, los que hacían «rueda de coches» con ella, puesto que vivían en Logroño o alrededores, más la tutora del grupo de 2.º de ESO-B. Afortunadamente, todo el claustro no estaba de acuerdo: Pepa García Muñoz, profesora de Tecnología, me defendió muy bien e incluso discutió mucho con la jefa de estudios, argumentando que yo era muy válido para dar clase y que se me debía apoyar bastante más de lo que se estaba haciendo. Eduardo Casaus Mendi, profesor de Francés, también mostró su apoyo hacia mí y, por último, la profesora de Religión, argumento que le recordaba a una situación que había vivido en otro IES, en que una profesora tuvo problemas con alumnos y luego fueron sus propios compañeros/as los/as que la echaron. «Esa historia no se debe repetir», finalizó la docente de Religión.

No estuve en esa minirreunión, pero se escuchaba una fuerte discusión y no supe por qué en principio, pero al hablar luego con los compañeros descifré lo que había pasado. Desde luego, los compañeros que apostaban por que me expedientaran no demostraban tampoco que tuviesen más habilidades que yo para controlar una clase y los alumnos conflictivos, porque también tenían problemas. En esta situación se demostró una vez más que no es lo mismo que le ocurra algo al docente X que al docente Y.

A partir de esa reunión, de la que no formé parte, se produjo un cisma definitivo en el claustro de profesores de la sección de Autol del curso 2009-

2010. Por una parte, solían almorzar juntas las personas que no me querían ver ni en pintura por el centro (la jefa de estudios, sus compañeros de la «rueda de coches» de Logroño y la tutora de 2.º de ESO B, evidentemente) y, por otra parte, estábamos Pepa, Eduardo y yo, que solíamos ir al bar Oasis, un bar cerca del centro educativo, a tomar algo después de las clases haciendo terapia de grupo. Enseguida llegó la segunda evaluación, a principios de marzo, y se pudo observar que el cisma era toda una realidad. El día que iba a tener lugar la primera evaluación, almorzamos en el restaurante Verona todos los profesores sin excepción, antes de las sesiones de evaluación, pero ya en esa segunda evaluación esa comida no tuvo lugar y cada uno comió por su cuenta. Yo, concretamente, me fui a mi casa a comer, ya que estaba el centro a unos 10 km de mi casa. Las sesiones de esa segunda evaluación sin comida previa fueron muy calentitas y se vivieron momentos de tensión. El momento culminante fue cuando le pregunté a la jefa de estudios: «¿Por qué has llamado a Inspección?». «Porque lo tengo que hacer», me contestó con desprecio. Le insistí en que si no era mejor tratar los problemas internamente y valorar que el que más estaba sufriendo era yo. Estaba claro que quería que me echaran de la enseñanza, y yo estaba soportando mucha presión. ¿Aguanté realmente el resto del curso sin llegar a coger la baja?

LA DENUNCIA

A pesar de las sanciones a los alumnos por los hechos contra mí que habían realizado a finales de febrero —a algunos les expulsaron quince días—, la situación en las clases de Matemáticas no mejoró y seguía habiendo un ambiente muy malo en mi asignatura. A pesar de todo lo que me había hecho la jefa de estudios, Pilar Alonso Zayas, junto con la inspectora me anunció que sería expedientado, aunque el expediente no lo acababan de incoar. Tengo que admitir que tendría que haber denunciado los hechos contra mí y me habría curado en salud, aunque nunca se sabrá si con ello el problema se hubiese solucionado, creo que no, pero por lo menos hubiese habido constancia. Por otra parte, una madre sí me dijo que su hijo era uno de los que me habían pintado la bata y me prometió que me iba a comprar otra nueva, circunstancia que no se produjo, porque los días pasaban y cada vez estaba más lejos de cumplir su promesa.

La situación era insostenible y algunos alumnos hacían que en las clases no se pudiese explicar ni trabajar con normalidad. El 16 de abril de 2010, uno de los alumnos problemáticos le quitó el estuche a otro que estaba atendiendo y lo insté a que se lo devolviese, pero este, además, se burlaba. Empezó el alumno a insultarme y amenazarme, por lo que decidí apuntar todo lo que me estaba diciendo, incluida una amenaza de muerte. Es verdad que le expulsaron del centro educativo durante quince días, pero hubo opiniones insolidarias, como la instructora del expediente, a la que le parecía mucha sanción porque, según ella, solamente se portaba mal en mis clases.

En esta ocasión, pensé que debía hacer algo diferente, independientemente de que se solucionara el conflicto o no. Al principio parecía que algo me frenaba, pero había amigos y excompañeros que me aconsejaban denunciar la situación. Al final di ese paso.

El 23 de abril de 2010, por la tarde, me pasé por el cuartel de la Guardia Civil de Autol a denunciar las amenazas del alumno. Estuve en el cuartel unos cuarenta y cinco minutos, me dijeron que le iba a llegar en breve y que la fiscalía de menores se ocuparía del caso. Los días posteriores a la denuncia fueron desagradables y no faltaron las visitas de los padres para pedirme que quitase la denuncia, pero me mantuve firme y el caso llegó hasta el final.

Preparación de las oposiciones 2010

Incluso a comienzos del curso 2009-2010, quise mejorar los temas. No quería ir a ninguna academia y decidí quedar en Logroño con un antiguo rival de las oposiciones en La Rioja en 2006 y 2008, pero ya no era rival, puesto que había conseguido la plaza ese último año. Se apellidaba también Gutiérrez. El exrival madrileño con el que había coincidido en las pruebas de oposición de 2006 y 2008 era licenciado en Física y por ello quería quedar con él, para hablar de uno de los temas. Le llamé por teléfono y me dijo que no había inconveniente. Quedamos en octubre de 2009 en una cafetería de Logroño y hablamos del tema 35, un tema que trataba de «las magnitudes y medida», muy relacionado con su carrera. Me explicó cómo había desarrollado el tema y me dio ideas de cómo elaborar mejor otros temas. También me dio ideas de cómo defender la programación didáctica, que definiese bien a los alumnos al principio de la programación, porque el aspecto de la atención a la diversidad había que defenderlo bien. Fue un encuentro con el compañero más que positivo, y de esta manera mejoraba bastante la preparación de las oposiciones. Siempre es bueno estar preparado para cuando llegue el momento idóneo y poder triunfar, porque si se dan las condiciones y no estás preparado, no se cumplirá el objetivo.

No iba a ninguna academia, pero el material de la Academia Delta de Zaragoza me iba a resultar útil para la defensa de la programación. Después de la experiencia del 2008 debía cambiar de curso. Era muy conveniente defender la programación de un curso que estaba impartiendo porque era más fácil defenderla y las posibilidades de éxito serían mayores. Cambié, para defenderla mejor, el curso de 2.º de Bachillerato por otro segundo, 2.º de ESO, curso que estaba impartiendo durante ese curso académico en Autol.

Lo único que hice fue un curso, con el que terminaba de acumular los cuatro puntos máximos que había referentes a cursos de formación homologados por el Ministerio de Educación para la fase de concurso. No es suficiente hacer buenos exámenes de oposición si no tienes muchos puntos en la fase de concurso. El ponente nos advirtió que el opositor que no tuviese los cuatro puntos tendría muy difícil aprobar el concurso-oposición y obtener la plaza. Este curso se hizo en la sede del sindicato STAR (Duquesa de la Victoria, n.º 65 bajo, en Logroño), un sindicato al que estaba afiliado. Había que ir varios sábados por la mañana. Estábamos un grupo de treinta opositores de diferentes asignaturas que nos íbamos a presentar en varias comunidades. Los que nos queríamos presentar en Navarra debíamos seguir varios ítems para realizar el informe de la unidad didáctica; quien no los cumplía podía tener un cero. Vino muy bien hacer ese curso y fue imprescindible para aprobar la oposición aquel año.

Con estas tres circunstancias (desarrollo del tema, exposición de la programación didáctica y el informe sobre la unidad didáctica) solo quedaba estudiar hasta el final y no tener mala suerte en las pruebas de oposición.

Novedades en la oposición 2010

En este apartado parto de la base de que este año tenía claro que me iba a presentar en la Comunidad Foral de Navarra. Estas fueron las novedades más destacadas:

Desarrollo del tema

Por primera vez en la historia de las oposiciones, el tiempo disponible para desarrollar el tema era de tres horas, y no dos, como en mis anteriores experiencias (2004, 2006 y 2008). Había más tiempo para extenderse lo que fuese necesario.

Método de plicas

Una de las novedades que más me gustó fue leer en la convocatoria de la oposición que el examen del desarrollo del tema de matemáticas iba a ser corregido por el método de plicas. Ya había tenido experiencia también en Navarra, concretamente en la Escuela Oficial de Idiomas de Tudela con mis exámenes de euskera y, por supuesto, me parecía más justo. La finalidad de este sistema era garantizar la transparencia en la oposición, ya que el tribunal de oposición no podía saber a quién pertenecía el examen y una persona del tribunal lo corregía sin saber a quién pertenecía. Pero ¿en qué consiste?

La plica es un sobre pequeño que los opositores reciben en los exámenes de oposición. Junto a este sobre, también se reciben instrucciones, el examen, hojas en blanco y un sobre grande. En el sobre grande se introducen el examen, las hojas escritas adicionales y el sobre pequeño cerrado. Dentro de este sobre, se incluye un pequeño documento que el opositor va a rellenar con sus datos personales.

Una vez terminadas las pruebas de oposición, los miembros del tribunal van a enumerar los sobres, tanto el grande como el pequeño, haciéndolos coincidir con el mismo número. Así, los datos contenidos en la plica estarán ligados al examen. De esta manera, cuando los miembros del tribunal corrigen los exámenes, no conocen la identidad de los opositores y el sistema es más transparente.

No sabía cómo iba a responder en esta oposición, pero al menos este sistema de plicas de Navarra era más justo que las formas en que me había examinado en Madrid (2004) y en La Rioja (2006 y 2008). Los resultados de esta oposición iban a dejar bajo sospecha la justicia dictada por los miembros del tribunal de La Rioja, al menos en el año 2008.

Nuevas listas

Por primera vez desde que opositaba, daban más valor al aspirante que aprobaba las oposiciones con plaza que al aspirante que no hubiese aprobado, por muchos años que llevase trabajando como interino en Navarra. Desde luego, los requisitos de la convocatoria de 2010 eran más justos que los de las anteriores oposiciones a las que me había presentado (2004 en Madrid, 2006 y 2008 en La Rioja).

La configuración de las listas de interinos que se iba a establecer una vez finalizado el proceso selectivo sería la siguiente:

1. En primer lugar, los aspirantes que obtuvieran la plaza iban a estar colocados en una lista preferente ordenados por la puntuación de la prueba concurso-oposición.

2. En segundo lugar, los aspirantes que hubiesen aprobado la oposición sin plaza iban a estar en una lista preferente de los interinos. Estos aspirantes iban a elegir vacante el siguiente curso 2010-2011 antes que los interinos que no hubiesen aprobado la oposición, por muchos puntos debidos a la experiencia que tuviesen.

3. En tercer lugar, iban a estar los aspirantes que no hubiesen aprobado en orden de puntuación de méritos (experiencia, puntos debidos a cursos o títulos de escuelas de idiomas).

Con todo, en mi caso, si no aprobaba la oposición, mi situación no cambiaba, porque en ese caso no tenía derecho a hacer ninguna sustitución, por no tener los títulos exigidos (licenciado en Matemáticas, licenciado en Física, ingeniero superior, ingeniero naval, etc.).

Informe de la unidad didáctica

En el apartado de la unidad didáctica, el aspirante tenía dos opciones: defender la unidad didáctica o presentar un informe de una unidad didáctica en la sede de Educación de Navarra en el plazo establecido (un viernes del mes de marzo de 2010).

Opté por presentar el informe, y fue sobre la unidad didáctica de «fracciones» del nivel de 2.º de ESO. Había que tomar una decisión y había que tener en cuenta que no iba a ser evaluada por el equipo directivo del centro en que el opositor trabajaba, sino por una comisión.

Había que tener en cuenta los ítems que exigía esta convocatoria: objetivos, contenidos, metodología, criterios de evaluación, educación en valores, atención a la diversidad… El curso que hice en Logroño los sábados, organizado por el sindicato STAR, me ayudó mucho al realizar el informe. También los consejos, como el de un compañero del curso anterior en el **IES Valle del Cidacos**, permitieron que enriqueciese adecuadamente el contenido del informe. ¿Qué nota obtendría en esta prueba?

Baremo provisional de méritos

El Departamento de Educación de Navarra publicó el 13 de mayo de 2010 la relación provisional de méritos por orden de puntuación (esta puntuación es la que se barema en la fase de concurso). Inmediatamente me llegaron dos correos procedentes de los sindicatos a los que estaba afiliado, STAR y ANPE. Anteriormente en Madrid (2004), se había publicado también antes de realizar las pruebas de oposición, no así en La Rioja tanto en 2006 como en 2008, que se publicaron después. Aunque faltaba más de un mes para la realización de las pruebas, se podían sacar algunas conclusiones:

1. Podíamos saber cuántas personas estaban matriculadas en este proceso selectivo: éramos más de cuatrocientas.

2. Había unas cincuenta personas a las cuales les podía valer un 5 para superar la fase concurso-oposición y, como consecuencia, conseguir una plaza. No hay que olvidar que se habían convocado sesenta plazas en la especialidad de matemáticas e idioma castellano, y una de ellas era para minusválidos. Dada la experiencia que tenían estas personas, la fase de prácticas sería un trámite. Con todo, había que tener en cuenta que tenían que aprobar; de no ser así, nos daban más posibilidades al resto de opositores.

3. A continuación del grupo anterior, había unas ciento cincuenta personas —entre ellas me encontraba yo— entre las que había diferencias muy estrechas de poco más de un punto entre el quincuagésimo primero (51.º) y el sesquicentenario (150.º). Yo estaba colocado en el puesto septuagésimo cuarto (74.º), con 5,4 puntos (4 puntos debidos a la realización de los cursos de formación y 1,4 a la experiencia docente como interino). Esta igualdad era debida a que la experiencia de muchos aspirantes no era muy grande y los 4 puntos de los cursos los teníamos casi todos de este grupo. Estaba claro, la fase de oposición sería más decisiva que nunca.

4. El resto de los aspirantes tenían menos experiencia como docentes y apenas habían realizado cursos de formación. Los requisitos de la convocatoria les permitían trabajar en caso de aprobar. No hay que olvidar que en Navarra, al menos en esa convocatoria, se habilitaba al aspirante que aprobase sin plaza en lista preferente.

Analizados los aspectos correspondientes, en cualquier caso, debía aprobar la oposición para poder trabajar en la Comunidad Foral de Navarra. Sin embargo, para obtener una plaza tenía que obtener más de un 5, porque había setenta y tres personas por delante de mí (debían fallar, es decir, no aprobar la oposición al menos quince) y porque había muchísimos aspirantes de puntuación similar a mí en el baremo que lo podían hacer muy bien.

Estas conclusiones fueron hechas tras la publicación provisional. En la definitiva, no hubo grandes cambios en el baremo de aspirantes. La situación no era fácil, pero había posibilidades de obtener una plaza. ¿Lo conseguiría?

LA DECISIÓN DE COGER LA BAJA

El curso 2009-2010 en la sección de Autol, perteneciente al **IES Celso Díaz** de Arnedo, estaba siendo muy difícil para mí. Habían ocurrido muchos hechos negativos: mal ambiente en las clases con los alumnos, no se podía dar clase; nulo apoyo del equipo directivo, y la posibilidad, cada vez más real, de que me expedientaran, teniendo en cuenta las entrevistas con la inspectora y la información de dos miembros del sindicato ANPE que se habían entrevistado con ella. La situación era insostenible.

Bajo ningún concepto quería coger la baja, a pesar de los consejos de los sindicatos ANPE y STAR y también de compañeros y excompañeros que me apoyaban. Quería acabar el curso por los alumnos que me seguían y padres que me apoyaban; bajo su punto de vista, mi situación era una gran injusticia. En mayo, ya se había producido la denuncia a un alumno por amenazas de muerte hacia mi persona, todo el alumnado lo sabía y tenía que soportar en las clases comentarios e incluso insultos del propio alumno antes de ser expulsado y de sus compañeros. Además de ello, los padres me querían convencer de que quitase la denuncia. El alumno fue expulsado quince días, pero los alumnos en las clases se portaban cada vez peor —incluso me pintaban la bata con bolígrafos y con rotuladores—. La instructora del expediente me dijo que los quince días eran un excesivo castigo y que solo se portaba mal en mis clases. Un claro ejemplo de «solidaridad». Incluso los alumnos que siempre me atendían habían dejado de atenderme. No me veía nada bien y moralmente me sentía destrozado, por lo que el viernes 21 de mayo decidí que seguramente ese día iba a ser mi último día en ese centro educativo.

Al día siguiente fui a Logroño a estudiar en la biblioteca de la universidad para las oposiciones, con la idea de que el siguiente lunes iba a visitar al médico para coger la baja. Allí curiosamente terminé de estructurar el tema que el 19 de junio desarrollaría: el tema 45, «Poliedros. Teorema de Euler. Sólidos platónicos y arquimedianos». Por la tarde quedé con el compañero de Francés, Eduardo Casaus Mendi, que me apoyó hasta el último momento, y le comenté que de momento el lunes iba a ir al médico.

El 24 de mayo, como tenía previsto, fui al médico. Le expliqué la situación laboral y me dio la baja. Antes había avisado al centro educativo, para que avisaran a la jefa de estudios de que no iba a acudir al centro por una revisión médica, e hice dos llamadas: la primera a una madre que me apoyó y que me dijo que le parecía bien, pero que tendría que haberlo hecho antes, y la segunda a la jefa de estudios, que se llevó una gran decepción, pues tenía una baja más que cubrir y casi no tenía docentes para hacer guardias.

A principios de junio llegó la sustituta y hablamos por teléfono sobre el final del curso. Ella me preguntó si me iba a presentar a las oposiciones. Yo le dije que estaba apuntado y ella me recordó que si estaba de baja no me podía presentar. Sin decir nada llamé tanto a Educación de La Rioja como de Navarra, también a los sindicatos, porque no era la única persona que me lo había dicho. A los días, un compañero del sindicato STAR me llamó diciendo que me podía presentar sin problema y que los que me habían dicho que no podía lo habían hecho para desestabilizarme. Luego me llamó la defensora del profesor de ANPE, diciéndome lo mismo, por lo que me centré en las oposiciones sin pensar que tenía que volver al centro educativo de Autol antes de la oposición.

Visita al sindicato ANPE-Rioja

En las sesiones que había estado en la sede del sindicato ANPE con la defensora del profesor, me había comentado, además de las estrategias para resolver los problemas que tenía en Autol, que era pedagoga y me podía ayudar en la oposición en la parte de la programación didáctica. A diferencia de otras convocatorias de oposiciones, la programación —en este caso, de 2.º de ESO— la tenía casi hecha, pero algún retoque para mejorarla no estaba nada mal.

Cuando cogí la baja no dudé en llamarla, y el mismo 24 de mayo lo hice. Se alegró muchísimo de que la hubiera cogido y me dijo que me podía pasar por la sede dos días más tarde, el 26 de mayo.

Me pasé por la sede el día señalado hacia las 10:00 horas. Estaba esperándome en su despacho, me pidió que me sentara, me enseñó varias programaciones de matemáticas de varios niveles y yo le enseñé la mía, que la tenía en un *pendrive* sin imprimir. A la compañera de ANPE le gustó cómo estaba quedando mi programación, aunque me dijo que me iba a mandar esas programaciones por *email* y que valorase si merecía la pena meter alguna cosa. Debía tener argumentos para poder defender lo que metiese. El inconveniente era que esas programaciones eran de La Rioja, cuando yo me iba a presentar en Navarra, con otra legislación, por lo que opté por no tocar el contenido de lo que había hecho. Lo que sí me aconsejó —y seguí sus consejos— fue que debía utilizar unos colores que llamasen la atención en los títulos y subtítulos de los apartados de la programación. Utilicé el rojo y el verde, lo cierto es que quedó muy bien. Le enseñé también la programación de 2.º de Bachillerato que traté de defender en 2008 en La Rioja, con poco éxito, y le gustó la portada, por lo que decidí que para esas oposiciones que se aproximaban en Navarra fuese la portada de la misma estructura.

Reconocimiento del terreno

El martes 15 de junio de 2010 estábamos convocados todos los aspirantes en el **IES Navarro Villoslada**, situado en el barrio de San Juan de la capital navarra. Tenía que organizarme. El viernes 11 y el sábado 12 decidí preparar los temas y ultimar la programación didáctica, pero ¿y el domingo 13 de junio? ¿Qué tenía planeado hacer?

La respuesta a esas preguntas no era difícil: ir al lugar donde era la presentación, porque no era mala idea, para evitar imprevistos el 15 de junio. Fui ese domingo por la mañana para ver por dónde tenía que ir —entonces no tenía GPS en el coche, aunque existía, por lo que lo busqué en internet— y lo cierto es que no fue difícil encontrar el lugar. Salí de Aldeanueva de Ebro hacia las 9:30 horas y de un tirón fui a Pamplona, entrando por la circunvalación y desviándome a la carretera de Logroño. Una vez que entré a la ciudad tenía un lugar de referencia, que era una Caja Rural grandísima que estaba en un cruce, y había que girar a la derecha hasta llegar al hotel Iruña Park, que estaba al lado y había posibilidad de aparcar en caso de que no hubiese sitio. Antes de las 11:00 horas estaba en el lugar donde iba a tener lugar la presentación de las pruebas en las oposiciones de 2010.

IES Navarro Villoslada

Lo cierto es que podía haber ido por la tarde a reconocer el terreno, pero a las 17:00 horas tenía una cita histórica con mi equipo preferido, la Real Sociedad, porque se jugaba el ascenso a primera división, después de haber pasado tres temporadas en el infierno de la segunda división. Por ello volví a mi pueblo natal, Aldeanueva de Ebro, a la hora de comer y a las 17:00 horas fui al bar Boston, lugar donde me ponían el partido de mi Real, a pesar de estar en segunda. Y aunque sufriendo, ya que el primer gol no llegó hasta bien entrada la segunda parte con un penalti transformado por el capitán Xabi Prieto, que se lesionó al irse a la grada a celebrarlo, al final se logró el objetivo, victoria por 2-0 con goles de Xabi Prieto y Carlos Bueno, consiguiéndose el anhelado ascenso. Pero como aficionado *erreazale,* no pude celebrarlo como merecía la ocasión, puesto que había que afrontar las pruebas de la oposición a los pocos días. ¿Sería un buen augurio para mí el ascenso de la Real Sociedad?

VÍSPERA DEL DÍA DE LA PRESENTACIÓN

El lunes 14 de junio de 2010 debía preparar todo lo que había que llevar. La programación la tenía lista tanto en mi *pendrive* como en mi ordenador, pero faltaba algo y había que resolverlo cuanto antes, puesto que al día siguiente había que llevarlo. Lo que faltaba era imprimirla y encuadernarla; debía ser impresa y con una buena presencia. El problema que tenía era que mi impresora no funcionaba, pero fui a una empresa de Aldeanueva de Ebro, Terraflumen, y en su oficina lo pude imprimir. El tema de la encuadernación era más sencillo y en cualquier papelería de Calahorra me lo podían hacer. El caso es que fue todavía más fácil, puesto que les hice una visita a mis excompañeros del **IES Valle del Cidacos**, donde, entre otras cosas, me dieron la enhorabuena por el ascenso de la Real a primera y me desearon suerte en las oposiciones, y la conserje, que tantas fotocopias me había hecho durante el curso 2008-2009, lo encuadernó muy bien. Ya estaba todo preparado para el día siguiente, objetivo cumplido, al menos hasta ese momento.

PROGRAMACIÓN DIDÁCTICA

Curso:	2º ESO
Asignatura:	MATEMÁTICAS

CUERPO DE PROFESORES DE ENSEÑANAZA SECUNDARIA
ESPECIALIDAD: MATEMÁTICAS
IDIOMA: CASTELLANO

JOSÉ RICARDO GUTIÉRREZ VERGARA

Programación didáctica encuadernada

El día de la presentación

El 15 de junio de 2010 fui por la mañana a la biblioteca de Alfaro a estudiar los temas y, no sé por qué, no hice mucho, quizás pensando en el acto de presentación de la tarde. A las 13:00 horas cerraban la biblioteca por la mañana, me fui a comer y para las 14:15 horas estaba partiendo hacia la ciudad pamplonica. Tenía margen de sobra, puesto que la presentación era a las 16:00 horas. Llegué con bastante antelación, y eso que aparcar no fue fácil. El tema del aparcamiento no fue fácil porque en el **IES Navarro Villoslada** estaban convocados los aspirantes a ser funcionarios de muchas especialidades.

Cuando llegué al **IES Navarro Villoslada**, no se sabía qué había que hacer, si nos iban a llamar y debíamos esperar afuera o bien entrar dentro y enterarnos de dónde teníamos que entrar. En algunas especialidades, como en geografía e historia, llamaban desde la puerta, pero ¿y matemáticas? Entré al IES y los pasillos estaban abarrotados de gente, hasta que vi a compañeros y compañeras de matemáticas —que eran futuros rivales— y les pregunté: «¿Es aquí?». «Sí, y van a llamar a grupos por orden alfabético». Había que esperar. Estuve esperando en el pasillo más o menos una hora, y allí estuve hablando con los futuros rivales, entre los que estaba mi sustituta. No me dijo nada en esta ocasión, hay que recordar que me advirtió que si estaba de baja no me podía presentar. También vi a otra compañera con la que coincidí en el curso para hacer la programación en la Academia Delta de Zaragoza, dos años antes.

Al final me llegó el turno. Entramos al aula correspondiente unos veinte aspirantes, nos llamaron uno por uno y nos dieron una hoja con las instrucciones, con una página web donde teníamos un sitio personal para enterarnos de la fecha y hora de las pruebas, así como de las calificaciones en el momento que fuesen puestas por el tribunal.

Gobierno de Navarra
Departamento de Educación

OPOSICIONES 2010

INDICACIONES PARA LOS ASPIRANTES

Los aspirantes disponen de una aplicación informática que les permite consultar los llamamientos a los ejercicios de la parte B y conocer las calificaciones de cada uno de los ejercicios.

La dirección web de dicha aplicación es la siguiente:

http://app1.pnte.cfnavarra.es/oposiciones/

Cada aspirante dispone de un nombre de usuario y una clave de acceso específica que, en su caso, es la siguiente:

GUTIERREZ VERGARA, JOSE RICARDO
MATEMATICAS/ Castellano
Tribunal 1
NOMBRE USUARIO: **A04328**
CLAVE DE ACCESO: **FMMYKTJOWT**

Además, los aspirantes podrán consultar los sucesivos llamamientos en los lugares donde se celebran los ejercicios.

La aplicación permite la consulta de las calificaciones correspondientes a los distintos ejercicios. Esta consulta podrá hacerse una vez publicada la calificación final y global de fase de oposición.

Frente a las mencionadas puntuaciones, los interesados podrán presentar reclamaciones dirigidas a los tribunales en el plazo de 3 días naturales. En este caso, el tribunal revisará si ha existido error material o de hecho, de transcripción o aritmético en sus calificaciones. Resueltas las reclamaciones, los tribunales publicarán la relación con las puntuaciones definitivas obtenidas por los aspirantes en la prueba.

Instrucciones para las oposiciones 2010

El proceso selectivo acababa de comenzar y ya se estaba deshojando la margarita, porque ya se sabía que los aspirantes no iban a ser cuatrocientos, sino poco más de trescientos (era una plaza por cada cinco opositores), y que había opositores que se podían presentar en varias comunidades porque no les coincidían.

Días posteriores a la presentación

Los días 16 y 17 estuve estudiando los temas por la mañana y por la tarde en las bibliotecas de Calahorra y Alfaro; sin embargo, el 18 de junio solamente por la mañana, porque por la tarde fui a Pamplona.

EL DÍA ANTERIOR A LA PRIMERA PRUEBA

Según el sitio web particular que nos habían asignado el 15 de junio, el día de la presentación, el sábado 19 de junio iba a tener lugar la primera prueba de nuestra oposición, que era el desarrollo del tema en el **IES Padre Moret Irubide**, en el barrio de la Txantrea de la capital navarra.

En los días previos había quedado con el compañero de Francés, Eduardo Casaus, para dormir el día anterior al examen (18 de junio) en una pensión relativamente cerca del IES donde tenía que examinarme, en la pensión Eslava, al lado del ascensor que comunicaba el casco viejo de Pamplona y el barrio de la Rotxapea.

El 18 de junio activé en el coche el TomTom (navegador GPS), programándolo para que me guiase desde mi casa al IES de la Txantrea, y así sucedió. Aparqué muy cerquita del instituto e inmediatamente llamé a Eduardo Casaus, pero no me respondió. Posteriormente me llamó diciendo que no iba a pernoctar en Pamplona y que iba a venir al día siguiente en el primer autobús que salía de Logroño. Mal hecho, pero bueno, luego dijo que había influido su mujer en esa decisión.

Llegué a la entrada del **IES Padre Moret Irubide** y me encontré con otro opositor que estaba haciendo fotografías, y le pregunté: «¿Mañana examen?». Y me dijo que sí. Era de Zaragoza, se presentaba también en otra comunidad, curiosamente no coincidían el mismo día, cosa que en otros años (2004, 2006 o 2010) no había ocurrido. Se le veía buena persona y nos sorprendió la construcción de un triángulo de Sierpinski mediante latas de refresco que había en la fachada del edificio, que lo habían hecho con el objetivo de reciclar y estudiar esas formas fractales.

Imagen del triángulo de Sierpinski en el IES Padre Moret Irubide

Dejé el coche allí, ya que no estaba lejos de la pensión (a 1,5 km), y ya en la pensión les conté en la recepción que venía solo. La verdad es que era barata, 15 € (eran otros tiempos). No me dieron llave y me dijeron que había que volver antes de las doce de la noche. Hacia las 21:00 horas cené en el restaurante Chez Belagua de la calle Estafeta. Poco después fui a la pensión a dormir, puesto que al día siguiente podía ser un día histórico para mí.

UNA PROFECÍA POSITIVA

Ese 19 de junio me levanté muy temprano para ir con tiempo al **IES Padre Moret Irubide**, situado en el barrio de la Txantrea. Desayuné en un bar y partí hacia el instituto donde tenía lugar la primera prueba de la oposición 2010.

Durante el trayecto desde donde estaba hospedado al instituto (1,5 km), me encontré con una monja, que me saludó y me preguntó: «¿A dónde vas tan temprano?». Le respondí: «Voy a un examen de oposición». Y la monja concluyó: «Te va a salir muy bien, ya lo verás. Además, voy a poner una vela y voy a rezar por ti». Yo, que no me quiero mezclar con el clero, se lo agradecí, pero ¿se cumplió su profecía?

Frase histórica para el momento

Aunque en ese momento no pensé en ninguna frase en especial, describiendo este momento, pienso en una que pasó a la historia e iba a ser clave en mi historia con las oposiciones. Era el año 49 a. C., Julio César había conquistado la Galia y al regresar a Roma se rebeló contra el Senado y, en particular, contra su gran rival, Pompeyo. Julio César, al llegar al río Rubicón, que era el límite impuesto por el Senado de Roma, dijo a sus tropas la célebre frase: «*Alea jacta est*», es decir, 'la suerte está echada'. En el caso de Julio César fue el comienzo de su gran victoria contra Pompeyo, y en mi caso no iba a ser diferente con relación a mi lucha en las oposiciones. La suerte estaba echada y no había vuelta atrás.

Desarrollo del tema

Como en otras ocasiones, llegué al lugar del examen con tiempo, puesto que faltaba un cuarto de hora para que nos llamaran. Eran las 8:45 horas. Los opositores poco a poco se fueron acercando a las inmediaciones del **IES Padre Moret Irubide** y a las 9:00 horas estábamos los trescientos aspirantes que habíamos estado en el acto de presentación cuatro días antes en el **IES Navarro Villoslada**.

A las 9:00 horas los miembros de los tribunales de Matemáticas (eran tres en 2010) comenzaron a realizar los llamamientos por orden alfabético, y a medida que nos llamaban, enseñábamos el carnet de identidad y entrábamos al aula del examen. Me acuerdo perfectamente de que eran aulas más grandes de lo normal, porque en la nuestra estábamos, mínimo, cuarenta personas, y eso que estábamos muy separados.

El examen tuvo lugar por el método de plicas, en cada mesa había un sobre donde teníamos que escribir nuestros datos. Cada sobre tenía un código y ese código estaba en las hojas de examen del opositor; el examinador corregía un examen cuyo código no podía relacionarlo con el opositor correspondiente. Una vez que los miembros de los tribunales comprobaron que todos los códigos de cada sobre correspondían con el de su examen, se procedió al sorteo de los temas. Como en las otras ediciones de las oposiciones, no fui a ser testigo en la extracción de las bolas, que iban a ser los cinco posibles temas. Aunque tenía más de la mitad de los temas relativamente dominados, es decir, con opciones de aprobar —aunque esto dependía de la actuación de los aspirantes en general y de los criterios de calificación de los miembros del tribunal, que en muchas ocasiones eran muy subjetivos—, tenía mis preferencias, en función de cómo los había trabajado durante estos años. Los temas relacionados con el currículo de secundaria y bachillerato (típico de funciones, los distintos tipos de números, matrices, determinantes, introducción a la estadística…) son temas conocidos por todo el opositor en general, aunque si no se lo ha preparado mucho le queda un poco pobre; desde mi punto de vista, es recomendable elegirlos en caso de que el resto de temas no sean de tu agrado. Los temas relacionados con la historia de las matemáticas (10, 20, 33, 34 y 57) son recomendables, puesto que, por lo general, el que se prepara pocos temas no se los estudia. Los temas preferidos para mí para esta convocatoria eran el 15, 32 y 35, porque son los que más había trabajado y porque tenían muchas aplicaciones en otros campos, como en el de las ciencias naturales y en las ciencias sociales. Al final se aprecia la ventaja que tenemos los ingenieros con respecto a los matemáticos puros, porque sabemos aplicar las matemáticas mejor que ellos en otros aspectos de la vida.

A los cinco minutos, dos miembros del tribunal, junto al aspirante que se había ofrecido para ser testigo directo en la elección de los grupos, entraron al aula y el presidente de nuestro tribunal escribió los temas en la pizarra. Los cinco temas fueron los siguientes: tema 1, «Números naturales. Sistemas de numeración»; tema 21, «Funciones reales de variable real. Funciones elementales: Situaciones en las que aparecen. Composición de funciones»; tema 45, «Poliedros. Teorema de Euler. Sólidos platónicos y arquimedianos»; tema 66, «Distribuciones de probabilidad de variable continua. Características y tratamiento. Distribución normal. Aplicaciones», y tema 67, «Inferencia estadista. Test de hipótesis». No tuve que pensar mucho el tema a desarrollar porque, entre los cinco posibles, había uno de mis preferidos, el 45. Este tema lo había acabado de preparar un poco antes de coger la baja y me encantó cómo había quedado. Había una introducción buena en los apuntes de Magister, al hablar de las pirámides se podía escribir sobre las pirámides del Antiguo Egipto (pirámide de Keops), en que al calcular los cocientes entre las distintas áreas (área total, área lateral y área de la base), daba la proporción divina o número de oro. Podía extenderme con los poliedros regulares o sólidos platónicos (sólidos de la filosofía de Platón), que eran relacionados con los elementos principales de la naturaleza (fuego, agua, aire, tierra y universo). Aunque es muy difícil dominar todo el tema, mi talón de Aquiles en esta ocasión fue el último punto, «Sólidos arquimedianos o sólidos de Arquímedes», porque no me llegué a aprender toda la clasificación, pero sí que escribí varios ejemplos aclaratorios (un balón de fútbol es un sólido arquimediano). Por último, adorné el tema con bibliografía, un detalle que se me había escapado en anteriores convocatorias. A pesar de tener tres horas para desarrollarlo, no me sobró mucho tiempo, como a la mayoría de los opositores. Al acabar, salí contento, pero ¿qué correlación hubo entre mi percepción y la calificación posterior?

Después del examen escrito

El examen escrito había tenido lugar a las 9:00 horas, pero entre el sorteo y la explicación las instrucciones, el examen no comenzó hasta las 9:20 horas. El examen, como he comentado en el anterior apartado, duró tres horas; por lo tanto, salimos del **IES Padre Moret Irubide** a las doce y media aproximadamente. Se veía a muchas personas llamar por teléfono para informar a familiares y amigos sobre la impresión que les había dado al desarrollar el tema. Yo hablé con algún compañero con el que coincidí al salir y me fui andando al casco viejo de la ciudad, concretamente a la zona de la Navarrería para hacer tiempo. Había quedado con el compañero de Francés, Eduardo Casaus Mendi, que también tenía examen, pero en el **IES Pío Caro Baroja**. Le llamé y en ese momento estaba saliendo de su examen. Ya prácticamente quedamos para la hora de comer, porque todavía estaba en el **IES Pío Caro Baroja**, es decir, a unos 4 km del centro de la ciudad. Quedamos directamente en el restaurante Iruña, en la misma plaza del Castillo, un restaurante de calidad-precio muy buena.

Mientras Eduardo se acercaba al centro, estuve degustando mejillones de diversos tipos (en vinagreta, al vapor…) en la mejillonera, situada en la misma Navarrería. Desde mi punto de vista, me los había ganado, independientemente de la calificación del examen. Hacia las 14:00 horas, Eduardo y yo nos reunimos en la plaza del Castillo, fuimos a ver si había una mesa para dos en el Iruña y, por supuesto, había. Durante la comida, hablamos del examen, del curso y de otras cosas. También le dije que, si se quería quedar en la pensión, lo podía hacer, yo me iba a quedar seguro porque había pagado en la pensión también la noche del sábado para volver a casa el domingo, pero no lo convencí. Con todo, pasamos la tarde juntos hasta que salió su autobús hacia Logroño sobre las 19:00 horas.

Cuando se fue Eduardo, volví al casco viejo de Iruñea, y allí me encontré con viejos conocidos, como Óscar Lazkoz, compañero de la Residencia Valvanera en la época de mis estudios de Ingeniería en Logroño, o Ángel, compañero de Maizpide, el *euskaltegi* de Lazkao, y pudimos tomar algo hablando de tiempos pasados, presentes y futuros. En el mismo casco viejo cené, poteé (había que celebrar un poco que se había hecho el examen escrito, ¿no?) y me fui a dormir a la pensión, ya que sí que había un horario de cierre y las llaves había que pedirlas en portería. Al día siguiente desayuné en un restaurante cerca del ayuntamiento, llamado Iruñazarra, y lo que más me sorprendió fue que tenían entre las botellas de vino una de la marca Azabache, que es la marca del vino de la Cooperativa Viñedos de Aldeanueva, en aquel entonces, y Fincas de Azabache, en la actualidad. Una vez que desayuné, fui al lugar donde había dejado el coche el viernes y volví a casa.

Preparación de la defensa de la programación

La semana siguiente, del 21 al 27 de junio, había que preparar la defensa de la programación, no quedaba mucho y había que darlo todo. No tardó en saberse cuándo había que defenderla, puesto que entrando a nuestro sitio web sabíamos cuándo estábamos convocados. En mi caso, al entrar en mi sitio web, me ponía que era el 1 de julio de 2010 cuando debía comparecer, en compañía del resto de aspirantes convocados, en el **IES Navarro Villoslada**, el lugar donde había sido la presentación el 15 de junio. Había tiempo, pero había que preparar la defensa bien. El 21 de junio decidí ir a la Universidad de La Rioja, concretamente a la Facultad de Ingeniería, pidiendo permiso para utilizar un aula con pizarra grande, porque eso era lo que me iba a encontrar el 1 de julio. Estuve ensayando una y otra vez, también me grabé con una grabadora. Al principio no me veía muy seguro, pero poco a poco iba mejorando. Tampoco me podía olvidar de que algún exprofesor de la universidad me podía ayudar y exponerle mi defensa para que me hiciese saber su opinión; al fin y al cabo, iban a ser terceras personas las que me iban a valorar y calificar mi defensa. Recurrí a Víctor Lanchares, del Departamento de Matemáticas y Computación, o Gregorio Villoslada, del Departamento de Electrónica. También recurrí a un profesor que en ese momento estaba jubilado, José Martínez Ruano. No me podía olvidar tampoco de que estaba afiliado a dos sindicatos, STAR y ANPE. Les pregunté si podía exponer mi defensa, y la respuesta fue afirmativa. Durante esa semana expuse en los dos sindicatos y con buenas críticas. Concretamente, el compañero de STAR me dijo que no cambiaría nada de la exposición que había hecho, y eso que no había expuesto todo lo que quería exponer el 1 de julio.

30 DE JUNIO DE 2010

Tenía decidido que después de comer iría a la Vieja Iruñea para pasar la tarde en el IES donde iba a tener lugar el examen, en el **IES Navarro Villoslada**. Aparqué en las inmediaciones, circunstancia que hoy en día es poco menos que imposible porque han puesto prácticamente todas las zonas de la capital navarra de pago, y ya en el IES vi a otros aspirantes esperando para defender la programación. Entre ellos estaba una compañera de Rincón de Soto, que me dijo una cosa que no se me olvidará en la vida: «A ver si apruebas y te lo agradeceré». Y le respondí: «Que así sea». Estaba claro que no me lo dijo porque deseaba que aprobase, sino porque le convenía, ya que al aprobar desaparecía de las listas de La Rioja y le permitía avanzar en la lista de interinos y coger en todos los cursos posteriores una vacante a su gusto. No conseguí entrar a ninguna defensa de algún otro compañero y, sin más, me fui a la misma pensión en la que me había hospedado el 18 y el 19 de junio, a la pensión Eslava.

El día D y la hora H

El día D (1 de julio de 2010) llegó y la hora H era las 9:00 horas. Esa era la hora a la que nos citaron a ocho aspirantes, y yo era el sexto en intervenir (nos citaban por orden alfabético). Se estableció el horario de intervención de cada uno y hasta las 17:00 horas no tenía que defender mi programación. Había que llegar media hora antes de lo programado para estar sentado en una mesa en el pasillo cercano al aula donde se iban a realizar las pruebas —esa era la encerrona de ese año, no era un aula como en las demás oposiciones, allí te preparabas una vez más—, mientras el anterior aspirante defendía su programación en el aula. Al asignarme por la tarde, volví a la pensión Hilarión Eslava para coger mis cosas y llevarlas al coche.

Para cuando volví todavía faltaban horas, por lo que en el mismo **IES Navarro Villoslada** seleccioné un aula para ensayar la defensa. Ensayé la defensa unas cuatro veces por la mañana y otras dos por la tarde, me veía bien, sobre todo en la últimas autoexposiciones —en voz muy baja— por la mañana y por la tarde. La verdad es que, aunque me veía seguro, había nervios y en mi pensamiento había contradicción porque, por una parte, quería que fuese cuanto antes, que el nerviosismo se acabase de una vez, pero, por otro lado, quería que faltase más para poder pulir posibles errores y acercarme a la defensa perfecta de la programación didáctica.

Estaba pendiente de los descansos que hacían los miembros del tribunal, para poder entrar en el aula en que tenía lugar la defensa, porque quería ver cómo era y, sobre todo, saber dónde estaba ubicada la pizarra, para ir a otra similar y ensayar de esa manera, pero cuando abandonaron el presidente del tribunal y los vocales el aula en el ecuador de la mañana, como a la hora de comer, cerraron la puerta con llave y solo pude comprobar cómo estaba configurada el aula en el momento que me tocó defender mi programación. Fui a comer hacia las 14:00 horas a un restaurante cerca del instituto y comí con otra opositora de Azagra, a la que había conocido en el CAP, y su madre. Para las 15:30 horas estaba otra vez en el IES y me dio tiempo de ensayar el discurso dos veces, antes de sentarme en la mesa del pasillo a las 16:30 horas, ultimar detalles antes de entrar y, finalmente, a las 17:00 horas me llamaron para entrar en el aula y defender la programación. Estas fueron las últimas horas antes de la hora H. ¿Cómo me fue en esa hora? ¿Se convertiría en la hora más decisiva de mi vida?

DEFENSA DE LA PROGRAMACIÓN

Entré al aula con las ideas claras y sin complejos, puesto que lo había ensayado mucho. Había decidido comenzar la introducción con la frase de un matemático, hablar de toda la legislación, como insistía nuestra profesora de la Academia Delta de Zaragoza dos años antes («En Navarra dan mucha importancia a la legislación»), y hablar de las diferentes partes de la programación y su relación entre ellas: objetivos, contenidos —sin olvidar que con ellos se van a alcanzar las competencias básicas—, metodología y evaluación. Voy a escribir parte de mi discurso de aquel día, que lo tenía muy trabajado anteriormente, en letra cursiva, excepto la frase de Nicolás Lobachesky y lo referente a conceptos clave, que será en negrita:

Buenos días. Soy José Ricardo Gutiérrez y con vuestro permiso voy a empezar la defensa de mi programación de 2.º de ESO en la asignatura de Matemáticas. Voy a comenzar con una frase de Nicolás Lobachesky, un gran matemático del siglo XIX: «No hay ninguna rama de la matemática, por muy abstracta que sea, que no pueda aplicarse algún día a los fenómenos del mundo real». Esta frase es el reflejo de la importancia de las matemáticas en nuestra sociedad y en el mundo en que vivimos, los conocimientos matemáticos en la enseñanza secundaria tienen una gran aplicación práctica, y los de 2.º de ESO no son ninguna excepción. Para que los alumnos tengan una capacidad suficiente para asimilar estos conceptos y llevarlos a la práctica, es imprescindible realizar una buena programación.

Esta programación cumple los requisitos de esta convocatoria de oposiciones. Al realizar la programación me he basado en unas disposiciones legales: la Ley 2/2006, de 3 de mayo, de educación, la que llamamos la LOE; el Real Decreto 1631/2006, de 29 de diciembre, por el que se establecen las enseñanzas mínimas en la ESO; y el Decreto Foral 25/2007, de 19 de marzo, que regula el currículo de la Enseñanza Secundaria en la Comunidad Foral de Navarra.

En primer lugar, ¿dónde vamos a presentar esta programación? Y, en segundo lugar, ¿a quién va dirigida?

Ante la primera pregunta, a la pregunta dónde vamos, respondo realizando un análisis del contexto atendiendo a la población, en el cual indico que la población inmigrante es de un 30 %. Ante la segunda pregunta de a quién va dirigida, me veo en la obligación de presentar a mi grupo de alumnos. Ustedes pueden comprobar en mi programación que es un grupo de quince alumnos de trece a catorce años que, en el curso anterior 2008-2009, estuvieron matriculados en el mismo centro.

A partir de la legislación en la que nos basamos, las características del centro y del grupo de alumnos, establecemos los objetivos del curso. Como pueden ver en las páginas 6 y 7 de mi programación, son dieciséis objetivos.

Para alcanzar estos objetivos vamos a trabajar con unos contenidos, que no van a ser conocimientos cerrados, sino que van a permitir a los alumnos obtener unas habilidades y destrezas que les sirvan progresivamente en la vida adulta, es decir, van a alcanzar unas competencias básicas que todos los alumnos pueden y deben alcanzar a lo largo de la Enseñanza Secundaria Obligatoria. Se han identificado ocho competencias básicas: comunicación lingüística, matemática, conocimiento e interacción con el mundo físico, tratamiento de la información y competencia digital, social y ciudadana, cultural y artística, aprender a aprender y autonomía e iniciativa personal. Las matemáticas van a contribuir a la adquisición de las ocho competencias básicas.

Los contenidos se agrupan en bloques de contenidos. Estos bloques son tres: el primero es el de aritmética y álgebra, el segundo trata de geometría y el tercero trata sobre el tratamiento de la información. Los bloques se impartirán por ese orden. A estos contenidos les daremos respuesta en catorce unidades didácticas.

Estos contenidos los vamos a transmitir con una metodología, y esta metodología consiste en el método constructivista. El aprendizaje será como una escalera en que, para subir el peldaño siguiente, hay que apoyarse en el anterior. Es el propio alumno quien construye su propio aprendizaje apoyándose en los conocimientos previos para ir a conocimientos más complicados.

Para realizar una buena programación es preciso seleccionar bien las actividades que van a ser orientadas a alcanzar los objetivos y las competencias básicas.

En cuanto a la evaluación, el punto de partida es la Orden Foral 217/2007, de 18 de diciembre, que regula la evaluación y calificación de los alumnos que cursan la Educación Secundaria Obligatoria en la Comunidad Foral de Navarra.

Para la promoción al tercer curso de ESO, se tendrán en cuenta los mínimos exigibles del apartado 8.5 de la programación.

Va a haber tres momentos en que se va a evaluar:

1. Al comienzo de cada unidad didáctica, la llamada evaluación inicial o de diagnóstico.
2. A lo largo del proceso, evaluación formativa.
3. Al finalizar cada unidad didáctica, evaluación sumativa o final.

En cada unidad didáctica, teniendo en cuenta los objetivos, contenidos, competencias básicas, actividades y recursos propuestos, vamos a utilizar los siguientes instrumentos de evaluación:

– Observación sistemática del trabajo en el aula, tanto individualmente como en equipo (trabajo cooperativo).
– Intercambios orales con los alumnos.
– Pruebas específicas.

En cada unidad didáctica vamos a tener en cuenta los siguientes criterios de calificación:

1. Se califica de 1 a 10.
2. La prueba individual al final de la unidad didáctica supondrá el 75 % de la nota.
3. El 25 % restante vendrá dado por el apartado de interés, esfuerzo y comportamiento.
4. En cada evaluación tendrán lugar varias pruebas escritas.
5. La nota final del curso será de la siguiente manera:

- De las tres evaluaciones.
- El 30 % restante corresponde a la prueba global, una prueba sobre los contenidos impartidos durante todo el curso.
- No solo vamos a evaluar el esfuerzo y los conocimientos adquiridos de nuestros alumnos (heteroevaluación), sino también el trabajo del equipo docente (autoevaluación), para evaluar no solo nuestro trabajo, sino también si los espacios y recursos se han utilizado correctamente.

En cuanto al apartado de atención al alumnado con necesidades específicas de apoyo educativo, nos vamos a basar en la LOE y en la Orden Foral 93/2008, de 31 de julio.

Con esto doy por terminada mi defensa de la programación. Voy a pasar a las preguntas sobre mi exposición.

A diferencia de la defensa de la programación de 2008, solo me hicieron una pregunta acerca de los criterios de calificación. Lo tenía tan claro que respondí sin pestañear.

La defensa de la programación había concluido, solo faltaba saber el resultado.

AVISO DE UNA POSIBLE SANCIÓN

El 1 de julio había realizado la última prueba de la oposición, que fue la defensa de la programación didáctica. Faltaban por exponer varios opositores; por lo tanto, los resultados iban a ser publicados diez días más tarde, como mínimo.

Un amigo que vivía en Bilbao me dijo si me animaba a pasar el fin de semana allí para desconectar, y no me lo pensé dos veces. Nos lo pasamos muy bien, estuve del 3 al 5 de julio, de viernes a domingo, y el lunes 6 de julio salí hacia casa.

Durante el trayecto por la autopista de Bilbao a Calahorra, recibí varias llamadas. Como estaba conduciendo, no presté atención. De todas formas, quería saber quién me había llamado, así que paré en un descanso. Era un número muy largo. ¿Quién podría ser?

Me volvieron a llamar cuando todavía estaba en el descanso. Eran oficinistas que trabajaban en el Departamento de Educación de La Rioja, querían que me pasara por el Departamento lo antes posible. Al parecer, era por algo relacionado con lo que había ocurrido en Autol. Me dijeron si me podía pasar el martes 13 de julio, por la mañana. Inmediatamente, hablé con el abogado del sindicato ANPE, quien me dijo que estuviera tranquilo, que me iba a acompañar un compañero del sindicato y que todo iba a salir bien. ¿Sería que me iban a notificar el expediente de lo ocurrido en el pasado curso en Autol?

ENTREVISTA EN LA SEDE DE EDUCACIÓN DE LA RIOJA

Como había comentado en el apartado anterior, el 13 de julio podía ser el día que me notificaran el expediente. La cita era a las 10:00 horas, y a las 9:45 horas me esperaba un compañero de ANPE en la puerta. Debía de ser al que se había referido el abogado el día anterior por teléfono y, en efecto, era él. Hablé con él antes de entrar y me aconsejó que contestara a las preguntas que me hiciesen de modo tranquilo y que no me temblara el pulso.

Entramos a las oficinas y en un salón nos recibieron los dos cargos más importantes del Departamento de Educación riojano. Por una parte, Pedro César Caceo Barrio, el director general y centros docentes y, por otra parte, María Inmaculada Guijarro Antón, la jefa de servicio de Recursos Humanos. Es decir, se trataba de los máximos exponentes de la contratación y cese del personal que trabajaba en los institutos riojanos. Era para echarse a temblar.

La entrevista duró, aproximadamente, media hora y me preguntaron sobre el curso, los grupos de alumnos, las grabaciones que me hicieron en el aula, mi relación con mis compañeros, sobre si pensaba seguir dando clase, etc. Las preguntas de Pedro Caceo eran moderadas, pero las de Inmaculada eran duras: si había insultado a los alumnos y a mis compañeros, si realmente me veía capaz para dar clase… Yo me mantuve firme y les dije que tenía mucha ilusión de dar clase a pesar de lo ocurrido e incluso estaba pensando en pedir vacante para el curso siguiente 2010-2011, y que ni por asomo había insultado a nadie. También dejé claro que me habían hecho la vida imposible tanto ciertos alumnos como algunos compañeros.

Finalmente, Pedro César Caceo concluyó la reunión diciendo que en breve iba a tener una respuesta (podía ser el expediente sancionador). Al salir, el compañero me dijo que estuviese tranquilo, que había contestado bien a las preguntas con serenidad y que el asunto iba a quedar en agua de borrajas. Con todo, yo me temía lo peor y mi continuidad en Educación la asociaba con el resultado en las oposiciones de Navarra.

UNA GRAN NOTICIA PARA ESTAR TRANQUILO

Posteriormente a la entrevista que me hicieron en la sede de Educación de La Rioja, hice una visita a los compañeros del sindicato STAR. Había gentío en las oficinas, sobre todo en el puesto de la compañera de Educación. Cuando faltaba poco para llegar a mi turno —tenía a dos personas por delante—, la propia compañera me miró con una sonrisa y me dijo: «Enhorabuena». Le pregunté: «¿Por qué?». Y me respondió: «Porque has aprobado. Luego te explico».

Cuando llegó mi turno, me dio de nuevo la enhorabuena. Le puntualicé: «Me presenté en Navarra, no lo olvides». Y me respondió: «Las notas que me han pasado son de Navarra». Se podía ver un Excel y estaba el cuadragésimo sexto clasificado (56.º), o bien el cuadragésimo quinto (55.º), depende de cómo se mire si incluimos al compañero minusválido o no. Había varios números y el primero de ellos era el 5,4, y le dije: «Entonces he aprobado la oposición con una calificación de 5,4». Y me respondió: «No, esa es la nota de la fase de concurso. La nota de la oposición es el número de al lado, que es un 6,1434». La compañera añadió: «Has aprobado la oposición, eso no te lo quita nadie. Puedes olvidar tus problemas de este curso, y aunque no es seguro, puedes obtener plaza, pero para ello tienes que aparecer en la lista una vez contestadas las reclamaciones».

GUTIÉRREZ VERGARA, JOSE RICARDO	5,4	6,1434

Fragmento de la lista de aprobados en la oposición 2010 en la especialidad de matemáticas

Tenía por delante a personas que tenían más puntos que yo en la fase de oposición y otras en la fase de concurso. Con los aspirantes clasificados inmediatamente por detrás de mí ocurría lo mismo, había algunos mejor que yo en la fase de oposición y otros en la fase de concurso.

Llegada del expediente a mi domicilio

El 16 de julio vino el cartero a mi domicilio con una carta y un paquete envuelto en un plástico con propaganda del mundial de fútbol de Sudáfrica, que se acababa de celebrar, ambos certificados. En ese momento no había nadie en casa, excepto la asistenta social que atendía tanto a mi abuela como a mi tía. La asistenta social firmó la recogida al cartero y desde ese momento constaba como si lo hubiese recibido. Cuando llegué a casa vi el paquete, lo abrí un poco y, evidentemente, era el expediente.

Por la tarde estuve con la asistenta social y le pregunté: «¿Por qué has firmado?». Ella me respondió con naturalidad: «Porque era de fútbol. ¿No lo habías pedido?». Un «no» rotundo le contesté. «A partir de ahora no voy a firmar nada, al final no soy de esta casa», concluyó. No lo volvió a hacer, pero el mal estaba hecho.

¿Cuál era el contenido de la carta y del paquete? La respuesta a esa pregunta es sencilla: la carta, cuya procedencia era de la Consejería de Educación y Deporte de La Rioja, anunciaba la incoación del expediente, en el que se me excluía de la lista de docentes interinos de La Rioja, quienes fueron las personas que habían declarado en mi contra delante de la inspectora, y que a partir de la fecha de recepción tenía un plazo de diez días hábiles para hacer alegaciones. En cuanto al paquete, allí estaban los folios relacionados con el expediente sin encuadernar. Se podían leer las declaraciones de la jefa de estudios, de las tutoras de los grupos que había impartido en Autol durante el curso 2009-2010, el orientador de primaria y el director del **IES Celso Díaz** de Arnedo. Estos dos últimos siguieron las instrucciones de la jefa de estudios en sus declaraciones, porque apenas sabían nada de cómo daba las clases, especialmente el director, que no hablé una palabra con él en todo el curso.

Lo más grave es que solo entrevistaron a los tutores que eran partidarios de que dejase la enseñanza al creer que no sabía llevar una clase, y en sus entrevistas con la inspectora se notaba. No entrevistaron ni a Josefa García ni a Eduardo Casaus, que opinaban que había hecho las cosas bien. Pero ya se estaba demostrando que al menos yo era capaz de aprobar la oposición. ¿Ellos y ellas?

Con todo, estaba muy tranquilo, porque ya no iba a trabajar en La Rioja al confirmarse que había aprobado, cuanto menos, la fase de oposición en Navarra —solo faltaba saber en aquel momento si había aprobado el concurso o no— e iba a trabajar en Navarra. Leí por encima el expediente y llamé al abogado del sindicato ANPE en La Rioja, a José Manuel Reinares, y quedamos en Logroño al día siguiente.

Respuesta a la resolución sancionadora

Al llegar a la sede de ANPE-Rioja en República Argentina, en la capital riojana, el abogado José Manuel Reinares me había preparado un pequeño borrador para desarrollar la respuesta a la incoación del expediente. Teníamos diez días hábiles para elaborar una respuesta e iba a ser a finales de julio. José Manuel Reinares me dijo que era una pena que la asistenta social recogiese el 14 de julio, porque si lo hubiese hecho tres días más tarde, no tendrían tiempo de contestar, ya que en agosto no trabajan. Se presentó el escrito el último día que marcaba el plazo.

Un gran notición

Para el 21 de julio de 2010, es decir, veinte días después de haber hecho la última prueba de las oposiciones, ya se sabían dos cosas: una negativa, el hecho de haber sido sancionado por parte de Educación de La Rioja, y otra positiva, aprobar la fase de oposición y con opciones de aprobar también la fase de concurso. Este hecho me permitía continuar en la enseñanza, en este caso en Navarra. ¿Cuándo se pudo saber?

No dejaba de mirar todos los días tanto mi sitio web particular, donde podía comprobar mis notas en cada examen de la oposición, como la página web de Educación de Navarra. El 22 de julio, me avisaron desde el sindicato de que iban a salir inmediatamente las listas provisionales de funcionarios en las distintas especialidades. Mira por dónde, me meto en internet esa misma tarde y se publica una lista de posibles futuros funcionarios de carrera en la especialidad de matemáticas.

En el apartado de resultados en la página web de Educación de Navarra, al mirar el listado, me centré en los códigos 590, que es el de la Enseñanza Secundaria, y 006, que es el de la especialidad de matemáticas, y fui bajando con el ratón desde los primeros de la lista (aspirantes con mayor puntuación en la fase concurso-oposición) hasta llegar al final (con menor puntuación, pero con plaza provisional). Vi que en penúltima posición estaba mi nombre y dos apellidos, José Ricardo Gutiérrez Vergara, con una puntuación de 5,84. En realidad, no era el 59.º (el penúltimo), sino el 60.º, el último que había obtenido plaza, porque el último que estaba situado en la lista era la plaza correspondiente a minusválidos. Por lo tanto, la última plaza provisional era mía. ¿Lo había conseguido?

Para salir de dudas, al día siguiente, el 23 de julio, partí hacia la Cuesta de Santo Domingo, sede de Educación de Navarra, para verificar la información obtenida el día anterior. Cuando llegué a las oficinas, había tanta gente que no cabía un alfiler. Había un puesto donde no había carteles de ningún tipo y hablaban en castellano; sin embargo, en otro puesto contiguo había un cartel que ponía *«Euskaraz hitz egin dezakezu»*, es decir, 'Puedes hablar en euskera'. Elegí el puesto para hablar euskera —y también se podía hablar en castellano— por dos razones: porque era una buena opción para poder hablar en euskera y practicar mis conocimientos y porque había bastante menos gente esperando. Comencé el diálogo saludando y preguntando en euskera: *«Egun on! Web-hezkuntzan agertutako zerrendak behin-behinekoak al dira?»* ('¡Buenos días! ¿Las listas que aparecen en la web de Educación son provisionales?'). *«Egun on! Zerrenda hauek behin-betikoak dira, nor zara zu?»* ('¡Buenos días!

Estas plazas son definitivas, ¿quién eres?'). *«José Ricardo Gutiérrez naiz»* ('Soy J. R. Gutiérrez'). Y respondió: *«Plaza duzu! Bejondeizula!»* ('¡Tienes plaza! ¡Enhorabuena!'). No me lo llegué a creer del todo y le respondí en bilingüe: *«Egitan?* ¿De verdad?».Y respondió: «Tienes plaza».

Azkenean lortu egin nuen eta ospatu behar izan zen ('al final lo había logrado y había que celebrarlo').

Con toda la euforia, vi en unas columnas que sujetaban el techo de las oficinas varias listas: una lista provisional, publicada unos cinco días antes y que era la misma que había visto el día anterior por la web, unas reclamaciones con su correspondiente desestimación, que eran de aspirantes que se habían quedado cerca de mí, y la definitiva, que curiosamente no había cambiado nada con respecto a la provisional.

Lo primero que hice al salir de la sede de Educación fue llamar a casa para comunicar a mis familiares el noticion.También mandé varios mensajes a compañeros y amigos. Por último, llamé a los sindicatos ANPE y STAR, y todos se alegraron. En cuanto a la celebración fue un poteo por la calle Estafeta y un menú de sidrería en el Chez Belagua. Siguieron las celebraciones el fin de semana siguiente en las fiestas de Tudela.

RESULTADOS DE LAS OPOSICIONES 2010

El resultado de las pruebas de la fase de oposición fue la siguiente:

— Nota del tema (Nt) = 6,14
— Nota de la defensa de la programación (Np) = 6,35
— Nota del informe de la unidad didáctica (Ni) = 5,8

La nota media ponderada de la fase de oposición (No), teniendo en cuenta que el desarrollo del tema valía un 40 % y el resto de las pruebas un 30 % cada una, viene dada por la siguiente fórmula:

$$N_0 = 0,4 \cdot N_t + 0,3 \cdot N_p + 0,3 \cdot N_i$$

Sustituyendo valores:

$N_0 = 0,4 \cdot 6,18 + 0,3 \cdot 6,35 + 0,3 \cdot 5,8 = 6,14$

En la fase de concurso obtuve la calificación de 5,4, gracias a los 4 puntos de cursos y a los 1,4 puntos de experiencia docente como interino. Las ponderaciones de la fase de concurso-oposición son del 60 % para la oposición (No) y el 40 % para el concurso (Nc). Por lo tanto, la nota de la fase de concurso-oposición (Nco) es:

$N_{co} = 0,6 \cdot N_o + 0,4 \cdot N_c =$

Sustituyendo valores:

$N_{co} = 0,6 \cdot 6,14 + 0,4 \cdot 5,4 = 5,844$

VALORACIÓN DE LOS RESULTADOS EN EL PROCESO SELECTIVO 2010

Los resultados eran los mejores de mi historia con las oposiciones. La nota de la oposición era más que digna (6,14) y suficiente para obtener la plaza deseada de las sesenta ofertadas. Había notas mucho más altas —tampoco muchas— en la fase de oposición, pero no hubo ningún 10, solo varios 9. Las notas del desarrollo del tema y de la defensa de la programación superaban los 6 puntos, y aunque por el trabajo realizado y por experiencia podía esperar más, consideré que era una nota más que justa. El tema no lo desarrollé de manera perfecta, hubo lagunas en el apartado de sólidos arquimedianos y me dio la sensación de que más de cien opositores lo desarrollaron bien, y eso hacía que las notas bajasen. En cuanto a la calificación de la defensa de la programación, confiaba mucho en mis posibilidades, ya que me habían dicho tanto en la Academia Delta como en los sindicatos (STAR y ANPE) que era muy válida. Expuse muy bien todos los puntos y creo que me faltó emplear elementos audiovisuales en la presentación —esto es una opinión personal—, porque se suele valorar más la utilización de las nuevas tecnologías. Por último, en el informe obtuve la peor calificación (5,8), y esto marca los méritos de aprobar las oposiciones en 2008 y 2010; en 2008 lo valoraba el equipo directivo del IES donde trabajaba la oposición, y en 2010, una comisión. «Blanco y en botella». Fue más meritorio aprobar la oposición en 2010, porque en 2008 obtenía una gran valoración por parte del equipo directivo del centro educativo donde trabajaba.

En cuanto a la fase de concurso, las previsiones de los sindicatos se cumplieron, es decir, el que no tenía los 4 puntos de cursos no iba a lograr la plaza, como así sucedió. Al realizar los últimos cursos a comienzos de 2010, superaba esa cifra.

En el cómputo global fue un éxito y muy regular en todas las pruebas. Obtuve la nota suficiente para obtener la última plaza. Un éxito más que merecido, ¿no?

20. Curso académico 2009-2010

Primera elección de una vacante como funcionario

Los opositores que habíamos obtenido una plaza estábamos convocados el 12 de agosto en el Departamento de Educación del Gobierno de Navarra, a las 9:00 horas. Los profesores de Matemáticas elegíamos en sexto lugar, tras las especialidades de Filosofía, Griego, Latín, Lengua Castellana y Literatura y Geografía e Historia.

En la especialidad de matemáticas nos presentamos los cincuenta y nueve funcionarios en prácticas convocados —el otro que había aprobado estaba en otra lista por ser minusválido—, pero hubo once renuncias de opositores que habían aprobado en dos comunidades autónomas diferentes, por lo que ya no era el último aprobado con plaza, se añadieron a los once siguientes, que pasaron a ser funcionarios en prácticas como nosotros.

A la hora de elegir tenía un criterio claro: mejor elegir IES que IESO, porque de esta manera podía elegir algún curso de bachillerato, un nivel en que el alumnado se porta mejor en las clases y no es obligatorio para ellos, y que el centro educativo estuviese a una distancia de unos 30 km de Aldeanueva de Ebro. Había varias opciones: Corella, San Adrián, Peralta, Marcilla, Tudela (dos institutos) y Lodosa. Había buscado información en las webs de los IES y pregunté en privado a varios conocidos, y me dijeron que en Corella y en San Adrián había un alumnado muy malo. Los funcionarios en prácticas fueron eligiendo y al fin llegó mi turno de elegir. Opté por la vacante del **IES Marqués de Villena** de Marcilla, con tres horas de adultos.

Listado de Adjudicación de destinos de los Funcionarios en Prácticas
por Localidad y Centro

MARCILLA	I.E.S. MARQUES DE VILLENA	
Especialidad	*NOM*	*Observaciones*
590 009 DIBUJO / CASTELLANO	ARANA SARABIA, MARIA	
590 005 GEOGRAFIA E HISTORIA / CASTELLANO	CANTIN GARCIA, JOSE MANUEL	
590 011 INGLES / CASTELLANO	ALVAREZ MAYORAL, ANA	
590 004 LENGUA CASTELLANA Y LITERATURA / CASTELLANO	GRACIA JIMENEZ, MARIA JOSE	6h de PIL
590 006 MATEMATICAS / CASTELLANO	DOMINGUEZ FERNANDEZ, MARIA JOSE	
590 006 MATEMATICAS / CASTELLANO	GUTIERREZ VERGARA, JOSE RICARDO	adultos
590 019 TECNOLOGIA / CASTELLANO	BANDRES LARRAZ, LORETO	
590 019 TECNOLOGIA / CASTELLANO	PATIÑO MATEO, PEDRO	

Al día siguiente fui al IES que había elegido en Marcilla y me recibió el director, Luis Carlos Díaz Barcos, muy cordialmente. Me sorprendió porque sabía de dónde era sin haberle dicho nada previamente. «Eres el de Aldeanueva, ¿verdad? ¡Bienvenido! ¡Aquí vas a estar bien!». Le pregunté sobre las horas de adultos y me dijo que había que hacer unas pruebas selectivas llamadas VIA y que había dos cuatrimestres (tercero y cuarto). Le pregunté si había problemas de disciplina en este nivel y me contestó que, si los hubiese, se lo dijéramos, que les iba a dar un ultimátum y, si persistía su comportamiento, abandonarían el curso. También me dijo que al tener que quedarme dos tardes, en compensación, una mañana iba a entrar después del recreo o bien iba a salir antes del recreo; ocurrió el primer supuesto. Salí muy satisfecho de esa reunión y tengo que decir que aún hoy Luis Carlos Díaz Barcos es el mejor director que he tenido.

DECEPCIÓN DE UNA PARTE DEL CLAUSTRO DE AUTOL

Al elegir la vacante del **IES Marqués de Villena** de Marcilla en agosto de 2010, no sabía con seguridad si el 1 de septiembre tenía que incorporarme en Marcilla (Navarra) o en Autol (La Rioja) para realizar los exámenes de septiembre a los alumnos suspendidos. Llamé a la Consejería de Educación de La Rioja, me pasaron con el personal de Recursos Humanos y me dijeron que iban a consultar al centro educativo. A los dos días recibí una llamada de un miembro del Departamento de Educación, diciéndome claramente que mi presencia en la convocatoria de septiembre era totalmente innecesaria. Para mí fue mejor y ya me centré en mi nueva etapa en la Comunidad Foral de Navarra.

El claustro de la sección de Autol que formaba parte del **IES Celso Díaz** de Arnedo estaba formado por doce docentes, dos de ellos tenían plaza y diez éramos interinos, más los sustitutos, que se incorporaban a lo largo del curso 2009-2010. La noticia de que había aprobado la fase de concurso-oposición era conocida por todos. Dos de ellos me habían felicitado poco después de conocerse la noticia en julio, pero el resto de docentes, con mucha resignación, también la conocieron. No lo vi porque estaba en Marcilla, pero me lo contaron. Fue una frustración para el resto de excompañeros, sobre todo para los interinos, que no habían superado ninguno la fase de concurso-oposición y habían intervenido negativamente en el expediente sancionador que se me había inoculado, diciendo claramente a la inspectora que no era válido para clase y que era incapaz de controlar una clase de alumnos de secundaria. En el expediente queda recogido todo lo que dijeron y fue muy duro. Hubo caras largas al comienzo de septiembre en Autol. Con el tiempo he visto a alguno de ellos, pero apenas me han saludado, y algún compañero, como Josefa García o Eduardo Casus, me ha confirmado que la noticia de mi éxito no les había gustado nada.

PRIMEROS DÍAS DEL CURSO 2010-2011

Lo primero que hay que destacar es que el curso 2010-2011 fue mi primer curso como funcionario, aunque no hay que olvidar que había que aprobar las prácticas.

Los primeros días de septiembre de 2010 iba a mi nuevo centro por las mañanas, pero no tenía que hacer nada. Hay que recordar que, en teoría, debía ir a la sección de Autol esos días, pero ya me habían dicho que no era necesario y me invitaron a ir al nuevo desde el 1 de septiembre, puesto que todavía se tenían que hacer los exámenes de septiembre y era el personal docente del curso anterior (2009-2010) el que tenía que hacerlos, corregirlos y estar presentes en sus respectivas juntas de evaluación. Este trámite tenía lugar los días 1, 2 y 3 de septiembre, y yo no tenía la obligación de asistir; de hecho, el director del instituto el primer día, el 1 de septiembre, me presentó a las que iban a ser compañeras en el Departamento de Matemáticas y me dijo que no era necesario que viniese el 2 y el 3 de septiembre, pero yo fui porque quería conocer cómo era el IES donde iba a estar trabajando al menos un curso académico. Lo que sí me dijo fue que a partir del 6 de septiembre sí tenía que asistir. ¿Qué tendría lugar el 6 de septiembre?

Lo positivo de asistir durante los tres primeros días —aunque no era obligatorio— era que pude saber el calendario de los primeros días antes de comenzar el curso, y el 6 de septiembre hubo una CCP (Comisión de Coordinación Pedagógica) en la que el director repartía las asignaturas a cada departamento. Ese mismo día los docentes elegían las asignaturas de su departamento mediante el método de rueda, para que el jefe de estudios pudiese hacer los horarios.

Lo cierto es que el hecho de la elección de las asignaturas antes de comenzar el curso era inédito para mí. En el curso 2007-2008 era sustituto, por lo que las asignaturas las eligió la profesora sustituida; en el curso 2008-2009 era una vacante estándar, al elegirla sabías los grupos que ibas a dar, por lo que no participé en la rueda, y en 2009-2010 pasó lo mismo, al ser el único profesor de Matemáticas del claustro en la sección de Autol. Se me planteaba un problema a la hora de establecer unos criterios de preferencia, ya que iba a elegir en el octavo lugar de diez docentes porque la mayoría éramos funcionarios de carrera con destino definitivo o funcionarios en prácticas, que éramos dos. Había también dos interinos. Con todo, sí que tenía preferencias: una de ellas era, si las circunstancias lo permitían, elegir un grupo de Bachillerato y otra de ellas era tratar de evitar el nivel de 2.º de ESO, que tantos problemas me había causado durante los cursos 2007-2008 y 2009-2010. Teniendo en cuenta que era el antepenúltimo en elegir, ¿lo lograría?

Llegó el momento de la elección y se hicieron varias preguntas antes de empezar la rueda. Una de ellas era que si había alguien que quisiera elegir un grupo de Bachillerato. Observé que habíamos levantado la mano cinco personas, y había seis grupos, por lo que tenía opción de elegir mi grupo de Bachillerato y me dio muchísima tranquilidad. Elegí en primera ronda 1.º de Bachillerato de ciencias, y en segunda ronda 4.º de ESO (Matemáticas A o fáciles para los alumnos) y 1.º de ESO (un grupo de Matemáticas y la optativa de Matemáticas Básicas). Las otras horas ya estaban asignadas con la elección, eran las de adultos. No salí descontento del reparto, puesto que había conseguido elegir un grupo favorable (Bachillerato) y evitar otro desfavorable (2.º de ESO). Incluso salí más reforzado de mi elección al hablar con un compañero y amigo con experiencia docente desde 1989, Enrique Ruedas Bueno, un compañero que trabajaba en aquel entonces en el **IES Valle del Cidacos** y con el que quedaba todas tardes de aquel septiembre. Me dijo que había elegido muy buenos grupos.

En este curso 2010-2011 tuve la oportunidad de conocer a compañeros y compañeras de otras Comunidades Autónomas, como Asturias, Extremadura, Andalucía o Castilla-León. Congeniamos muy bien, hacíamos terapia de grupo e incluso algún fin de semana me acercaba a Marcilla porque vivían allí. He echado y echo de menos esta circunstancia en cursos posteriores. Hay compañeros de aquella época como Juan Manuel Pedroviejo o Jesús Sebastián con los que todavía nos une una gran amistad.

ENCUENTRO EN LOS JUZGADOS DE LOGROÑO

Durante el mes de mayo recibí una cédula de citación por el juzgado de menores. Debía decidir si seguía con la denuncia contra el alumno que me había amenazado de muerte o no, y yo les dije que el proceso debía llegar hasta el final. Así las cosas, recibí otra carta citándome para el 15 de noviembre de 2010, a las 10:15 horas, en la sala de Vistas n.º 2, situada en el Palacio de Justicia, calle Bretón de los Herreros, número 5-7, de Logroño.

Me informé de cómo debía pedir permiso en el **IES Marqués de Villena** para acudir a la cita de los juzgados. Solamente tenía que rellenar un papel y traer un justificante.

El 15 de noviembre, para las 9:45 horas, ya estaba en los juzgados. Esperaba a algún compañero del sindicato ANPE-Rioja, pero al final no apareció. Me sentí solo por momentos. Hacia las 10:00 horas llegaron el alumno de Autol denunciado y su padre. Me puse muy nervioso, puesto que tenía que esperar con ellos hasta que nos llamaran sin mediar palabra. Pocos minutos después salió de la sala la fiscal y me dijo que la amenaza de muerte era un delito y que el exalumno denunciado debía trabajar setenta y cinco horas para la comunidad. Seguidamente, me dijo la defensora del denunciado que la acción de su defendido era grave, pero no un delito, sino una falta, por lo que si quería no había juicio y debía trabajar para la comunidad cincuenta horas. Yo acepté, no hubo juicio. Su padre me lo agradeció y todo quedó zanjado. Eso sí, yo no tengo constancia de que este alumno haya trabajado cincuenta horas para la sociedad. No me lo han demostrado, pero pareció que se hizo justicia.

FASE DE PRÁCTICAS

Había aprobado la fase de oposición y de concurso, pero todavía me quedaba otra fase por superar, como era la fase de prácticas, que era la más sencilla, pero había que superarla también porque, en caso de suspenderla, el éxito en la fase de concurso-oposición quedaría en nada.

La etapa de la fase de prácticas en la convocatoria concurso-oposición de 2010 estaba regulada por la **Resolución 2470/2009, de 14 de diciembre**, de convocatoria concurso-oposición para el ingreso en el Cuerpo de Profesores de Enseñanza Secundaria, en sus bases undécima y duodécima, que establecen la necesidad de que los aspirantes seleccionados realicen un período de prácticas, cuya finalidad es comprobar la actitud para la docencia de los aspirantes que han superado el concurso-oposición, así como por la **Resolución 2028/2010, de 2 de julio, de la Directora del Servicio de Recursos Humanos del Departamento de Educación del Gobierno de Navarra,** por lo que se regula la fase de prácticas.

Había que informarse, lo normal era que la persona que superase la fase de concurso-oposición también superase la fase de prácticas, pero hubo algún caso en que no había sido así.

Desde el comienzo del curso 2010-2011, el **IES Marqués de Villena** de Marcilla, primer IES en que trabajé en Navarra, nos informaron de quién iba a ser nuestro tutor de prácticas. En mi caso, era un compañero del Departamento de Matemáticas que había superado todo el proceso selectivo en 2008.

Los otras dos personas eran seguras, porque eran mi jefa de departamento, otra funcionaria que aprobó en 2008, y el director del centro. Debían entrar a mis clases dos veces cada uno, pero sabía cuándo iban a entrar.

LOS EXAMINADORES ENTRAN AL AULA A EVALUARME

Durante el mes de noviembre de 2010 entraron las personas que nos examinaban a nuestras clases, las personas que nos habían asignado. Yo intenté ser yo mismo cuando los examinadores estaban en el aula, pero a veces me ponía nervioso. En cuanto a mi tutor de prácticas, que entró a una clase con mi grupo de 1.º de Bachillerato y a otra de 1.º de ESO, me dijo riéndose: «¡Qué bien borras la pizarra con la mano!» (a veces borro el encerado con la mano, pero en esa ocasión lo hacía con más frecuencia. ¿Nervios?). La jefa de departamento, que entró en una clase de 1.º de Bachillerato y otra de 4.º de ESO, no me dijo nada, pero meses más tarde, cuando tuvo que hacer un informe, me dijo que le gustaba como daba la clase. Cuando el director entró a una clase de 4.º de ESO ocurrió una situación extraña. Era un grupo de estudiantes donde las chicas eran mayoría y normalmente no me preguntaban nada, pero ese día sí que me preguntaron. Fue, fundamentalmente, una alumna, que me preguntaba dudas cuando no había terminado de explicar un problema de proporcionalidad. Me puse muy nervioso, porque algo le tenía que decir, y me quedé en blanco. Al final de la clase el director me dijo que estuviera tranquilo porque esa alumna había sido muy impertinente.

Habían entrado a mis clases los tres examinadores, faltaban sus informes de evaluación. Al hablar con ellos daba tranquilidad, pero ¿esa tranquilidad que transmitían se iba a reflejar en el resultado de esa fase de prácticas?

EL DESARROLLO DEL CURSO 2010–2011, TAMBIÉN IMPORTANTE EN LA FASE DE PRÁCTICAS

Se me había informado por activa y por pasiva de que era importante no solo la impresión de los evaluadores (director, jefa de departamento y tutor) cuando entraban a mis clases, sino también el desarrollo del curso, porque si hubiese algún problema podía condicionar la evaluación de mi labor docente a la hora de poner la nota en esta fase.

El curso 2010-2011 en Marcilla era totalmente diferente al anterior en Autol, me fue bien en general, aunque no estuvo exento de quejas. Los alumnos de 4.º de ESO me pusieron una queja a mitad de curso porque había impartido una unidad didáctica que no estaba en la programación (semejanza). El problema lo solucioné no poniendo ninguna pregunta en el examen sobre semejanza. Alguna alumna de ese grupo trató de que la tutora intercediese para que no le pusiese un cero por haberle pillado con alguna chuleta. Un alumno de adultos pidió que la jefa de departamento revisase un examen de geometría en el que había sacado un 3, y lo corrigió y obtuvo un 3,17. Los pequeños problemas, con apoyo —que no había tenido en Autol—, se solucionan.

En bachillerato pudo haber problemas, pero de nuevo la figura del tutor intervino. Tenía un grupo de bachillerato mixto (1.º A y 1.º B) y, por lo tanto, dos tutores. Los alumnos de 1.º B eran, en su gran mayoría, de la zona de Carcastillo (Carcastillo, Melida y Santacara). Se quejaban de que iba muy rápido, cuando iba incluso más retrasado que la otra compañera, y de que no tenía en consideración el nivel que tenían —apenas habían estudiado logaritmos, fracciones algebraicas o radicales en 4.º de ESO—, aunque yo tenía que ir al ritmo de la programación. El tutor de 1.º B me hizo saber que sus tutorados estaban descontentos conmigo y había que solucionarlo porque no convenía que llegase una queja por escrito a Dirección. Nos reunimos en un recreo tutor, alumnos y profesor, y llegamos a un acuerdo: debía ir un poco más pausado. El problema se solucionó haciendo menos ejercicios y problemas en las sesiones, pero dejándoles muy claro que estaban en Bachillerato. Al tutor de 1.º B, Fran Casado, le debo mucho por mediar correctamente en un momento tan delicado (fase de prácticas).

Con todo, la experiencia con el grupo de Bachillerato en aquel curso fue muy positiva. Los alumnos de 1.º A no protestaban y trabajaban muy bien. Cabe destacar el buen trabajo de dos hermanas gemelas de Falces, Raquel y Rebeca Vallés Aragón, que trabajaban sin descanso en mis clases, en especial Raquel, trabajadora incansable, que me recordaba a mí en mi época de estudiante en el **IES Emperador Alfonso VII** de Alfaro; yo me gané a mis profesores con trabajo, y ellas me ganaron a mí, las cosas como son. Las hermanas falcesinas tenían un hermano siete años mayor que ellas, Óscar, que era alumno mío de adultos. Óscar, por motivos de trabajo, venía a clase una semana sí y otra no. Les daba a sus hermanas los apuntes de Matemáticas que repartía al alumnado de la tarde en la semana que trabajaba en horario vespertino, para que él se pusiese al día. El resultado fue muy bueno, puesto que Óscar aprobó Matemáticas de 3.° y 4.° de adultos.

En 1.° de ESO hubo también mucha sintonía con el alumnado, sobre todo con Jorge Echeverría Miamón, que obtuvo un 10 en Matemáticas al final de curso y hubo una gran admiración entre ambos.

El curso 2010-2011 en Marcilla fue muy bueno y, analizando los anteriores, en Logroño, Calahorra y Autol, fue el mejor con diferencia. No iba a suspender las prácticas por ese motivo.

CURSOS OBLIGATORIOS EN LA FASE DE PRÁCTICAS

En el instituto nos informaban correctamente de todo lo relacionado con las prácticas, tanto desde dirección como desde nuestros departamentos didácticos. Por supuesto, también acerca de los cursos y conferencias a los que teníamos que asistir fuera de nuestro centro de enseñanza. Enseguida nos informaron sobre las fechas en que debíamos asistir a los cursos de formación obligatorios y también a unas jornadas sobre la enseñanza de las matemáticas.

Nos llegó un correo electrónico con las instrucciones de los cursos y un enlace para poder inscribirnos. El curso se llamaba «Intercambio de experiencias e iniciación a herramientas informáticas para la enseñanza de las matemáticas». Había talleres sobre *software* de matemáticas y debíamos elegir un día para hacerlo, lunes, martes o jueves. Dado el horario que tenía en el **IES Marqués de Villena**, elegí un martes y un jueves.

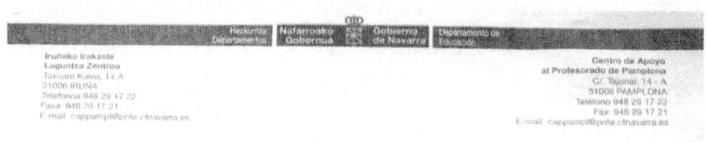

Ref.: PAM-2011-001125

Iruñeko Irakasle Laguntza Zentroko Zuzendaria den /
como Director del Centro de Apoyo al Profesorado de Pamplona

Dn. Nicolás Uriz Bidegain Jaunak

EGIAZTATZEN DU: CERTIFICA QUE:

D. JOSE RICARDO GUTIERREZ
VERGARA Jn./And.ak

72784430 N.A.N. duena, 2010/11 ikasturtean, 2010/11/15(e)tik 2010/12/11(e)ra, Hezkuntza Departamentuak Iruñeko I.L.Z.n antolatutako "*INTERCAMBIO DE EXPERIENCIAS E INICIACION A HERRAMIENTAS INFORMATICAS PARA LA ENSEÑANZA DE LAS MATEMATICAS*" Ikastaroan Partaide gisa parte hartu duela, guztira 16 ordu edo baliokide den kreditu 1,5 eginez.

con D.N.I. 72784430 ha participado como *Asistente* en el *Curso:* "*INTERCAMBIO DE EXPERIENCIAS E INICIACION A HERRAMIENTAS INFORMATICAS PARA LA ENSEÑANZA DE LAS MATEMATICAS*" organizado por el **Departamento de Educación** y celebrado o del *15/11/2010* al *11/12/2010* en el *C.A.P. de Pamplona* durante el curso escolar *2010/11*, con un total de **16** horas de formación, equivalentes a **1,5** créditos.

Eta behar diren ondorioetarako, egiaztagiri hau luzatu eta izenpetzen dut; Iruñean, 2011ko urtarrilaren 18an

Y para que conste, a los efectos oportunos, expido y firmo el presente certificado, en Pamplona a 18 de enero de 2011

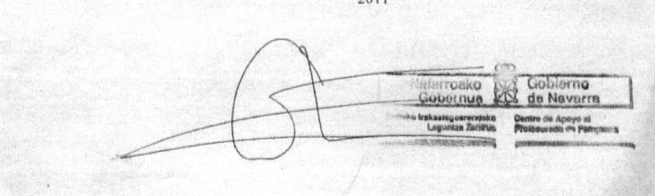

JUSTIFICANTE DE LA FORMACIÓN DE LA FASE DE PRÁCTICAS

Los cursos se tenían que hacer en el CAP de Pamplona, el centro de formación del profesorado más importante de Navarra, de 17:00 a 20:00 horas. El 18 de noviembre asistí al taller de wxMaxima, un *software* matemático para hacer operaciones aritméticas, resolver ecuaciones de cualquier tipo, calcular límites, derivadas, integrales, etc. El 23 de noviembre llegó el turno de la geometría con el *software* Geogebra, aunque conocido, pero muy interesante.

Solo nos faltaban las jornadas, que se celebraron el 10 y el 11 de diciembre en el Edificio Sario de la Universidad Pública de Navarra (UPNA), a las que no solo asistimos los que debíamos realizar las prácticas, sino también muchísimos profesores de matemáticas de los institutos de Navarra.

Al realizar la formación, valoré mucho este curso, ya que, aunque actualmente muchas de estas herramientas están desactualizadas, aprendí mucho, a pesar de que en el aula, debido a las características del alumnado actual, es inviable, pero era interesante para la época y, por supuesto, una buena experiencia. Actualmente, hacemos unos cursos de formación obligatorios que, según el Gobierno de Navarra, forman parte de una formación institucional imprescindible para la enseñanza actual (Skolae, aprendizaje cooperativo…), pero que en general a los docentes no nos convencen. Sinceramente, echo de menos la formación que tuve que realizar en la fase de prácticas, porque por lo menos valió para algo, y lo de ahora, para nada. Quizás deberíamos hacerles saber que están equivocados. La formación personal debería ser más valorada porque si estudiar una carrera o un grado o escribir un libro no es formarse, pues que venga Dios y lo vea.

BUENA NOTICIA PARA ACABAR EL CURSO

Durante el mes de mayo de 2011, me llegó una carta que me notificaba que había aprobado la fase de prácticas. Julio César, después de su conjura *«Alea jacta est»* ('la suerte está echada'), ganó las batallas de Farsalia, Tapso y Munda en la guerra civil contra su gran rival, Pompeyo. En mi caso, había superado mis batallas en la fase de oposición, concurso y prácticas. Al igual que a Julio César, que le faltaba llegar a Roma y nombrarse amo, a mí me faltaba el nombramiento en el BOE.

21. Curso académico 2011-2012

El 1 y 2 de septiembre tuvieron lugar los exámenes de dicha convocatoria. En aquella convocatoria no hubo muchos cambios en las calificaciones con respecto a junio y pocos alumnos recuperaron la asignatura. El caso más llamativo fue el de un alumno de Carcastillo, que al suspender la asignatura de Matemáticas I en 1.º de Bachillerato, estaba obligado a repetir —también había suspendido Lengua e Inglés—. El alumno vino la siguiente semana a ver el examen junto a su madre, había obtenido poco más de un 4, pero era mejor que repitiese para consolidar conocimientos y que no se estrellara en 2.º; con dos asignaturas suspendidas pasaba a 2.º de Bachillerato, pero las asignaturas suspendidas de 1.º las tenía que recuperar. Años más tarde, en alguna ocasión en que nos encontramos, me comentó que le ha ido bien en la universidad y que actualmente tiene dos carreras universitarias. Él también reconoce que le vino bien repetir aquel curso.

Antes de aquella revisión de examen, se había realizado el reparto de asignaturas para el curso 2011-2012 en el Departamento de Matemáticas. Nuevamente estaba mal colocado, era el octavo de diez docentes, pero pude elegir asignaturas de mi agrado. No todos querían dar Bachillerato, por lo que pude elegir el 1.º de Bachillerato de ciencias, como en el curso anterior. En mi vacante que había elegido a finales de junio ya tenía asignado el curso de adultos, pero con una diferencia: era tutor y daba también Ciencias Naturales (eran en total ocho horas por la tarde), también 1.º de ESO, pero no Matemáticas, sino Ciencias Naturales. Tuve que prepararme temas de seres vivos, minerales, ecosistemas… «Bueno, el saber no ocupa lugar. Es un placer impartir algo nuevo», me dije. El otro grupo que elegí —dentro de lo que quedaba— fue un 2.º de ESO, pero de matemáticas.

A la hora de repartir los alumnos de 1.º de Bachillerato, solicité algunos alumnos que conocía y me los dieron. Uno de ellos era el alumno de

Carcastillo citado, que en la revisión del examen nos habíamos puesto de acuerdo por si era posible volver a coincidir. Otro era un alumno cuyos padres regentaban el bar que estaba situado enfrente del instituto y con el que había congeniado muy bien el curso anterior, aunque no habíamos coincidido, y eso que éramos simpatizantes de equipos vascos muy diferentes: él era del Athletic y yo de la Real Sociedad. El alumno era Aitor Hidalgo, un alumno simpático, no muy buen estudiante, muy amigo de los hermanos Vallés Aragón, con los que tan buena experiencia había tenido el curso anterior. Era un alumno muy claro y lo demostraba, pues destacaba en lo que le gustaba de verdad: en las olimpiadas de matemáticas del **IES Marqués de Villena**, todos los años era de los mejores, superando a los que obtenían mucho mejores calificaciones que él en la asignatura. Me explicaba sus estrategias para aprobar la ESO con el mínimo esfuerzo, que le salieron muy bien: aprobar cinco y suspender cinco en la primera evaluación; en la segunda, aprobar lo suspendido y suspender lo aprobado, y al final, en septiembre, aprobar las dos que le quedaban. Pero el bachillerato era otra cosa, había que estudiar más. Siempre se puede aprender de nuestros alumnos. Congenié muy bien con Aitor y con el resto del grupo, bastante mejor que con el grupo de 1.º de Bachillerato del curso anterior, al menos no hubo ninguna queja al tutor. Por lo general, a excepción de alguna sesión en el grupo de 2.º de ESO, no hubo ningún problema de disciplina durante el curso 2011-2012.

UN SUSTO EN OCTUBRE DE 2011

En mayo de 2011, como a todos los que habíamos aprobado la fase de concurso-oposición, se me había notificado en mi domicilio que había aprobado la fase de prácticas y, como consecuencia, era funcionario de carrera del Cuerpo de la Administración del Estado. Parecía un hecho, pero no. Se suele decir, y con razón, que no se gana un partido de fútbol hasta que el árbitro pite el final del partido, o no se gana un Tour de Francia hasta que no se cruza la línea de meta en los Campos Elíseos de París. En este caso, un opositor no es funcionario de carrera hasta que no se verifique su nombramiento en el BOE (Boletín Oficial del Estado). Pero ¿qué había que temer a comienzo de curso?

Parecía que el nombramiento iba a ser cuestión de tiempo, pero a principios de octubre recibí otra carta certificada en mi domicilio. Su contenido consistía en que un compañero que también estaba esperando el nombramiento había puesto una demanda argumentando que el proceso selectivo que se había hecho en Navarra en los meses de junio y julio de 2010 era totalmente ilegal, amén de las sesenta plazas ofertadas, teniendo en cuenta que en 2008 ya se ofertaron ochenta.

Lo curioso fue que el demandante no era un aspirante que se había quedado fuera de las plazas para ser nombrado funcionario de carrera, era uno de los que esperaban el nombramiento. En el contenido de esa carta certificada, por supuesto, aparecía el demandante. También fue curioso que se trataba de Ángel José Lage García, que era el último que obtenía la plaza. Hay que señalar que al final de julio de 2010, cuando ya se habían agotado los plazos de reclamaciones, este aspirante no estaba entre los elegidos porque yo había conseguido la última de las plazas y él estaba once lugares por debajo. Como he comentado en el apartado que trata sobre mi primera elección de vacante como funcionario, once personas renunciaron el día 12 de agosto de 2010 por haber aprobado simultáneamente en otra comunidad autónoma. De esta manera, el denunciante consiguió la última plaza definitiva.

¿Por qué decidió hacerlo? Lo más lógico era que resultaría también damnificado y, al ser el último que consiguió la plaza, el que más (si no hubiesen convocado sesenta plazas, él no podría ser funcionario). La respuesta a la pregunta solo la podía tener el demandante y su entorno. En el Departamento de Matemáticas del **IES Marqués de Villena** de Marcilla, en que estábamos afectados tres profesoras y yo (diez personas éramos en el Departamento de Matemáticas durante el curso 2011-2012), había al menos inquietud, pero una de las compañeras decía en los recreos, donde coincidíamos los cuatro, que no había nada que temer, que había hablado con su sindicato y la demanda no tenía sentido, carente de derecho. Aunque en nuestro departamento se respiraba una relativa tranquilidad, tuve oportunidad de hablar con un excompañero del **IES Valle del Cidacos** de Calahorra durante el curso 2008-2009, Germán Insua, que me llamó por esa razón, a ver si yo supiera algo sobre la demanda y de su posible resolución. Él también había aprobado todo el proceso selectivo y mostró su preocupación, pues este gran logro, conseguir la plaza de funcionario de carrera, podía quedarse en agua de borrajas. La publicación de nuestro nombramiento en el BOE era cuestión de tiempo. ¿Ocurriría esa buena noticia? Por lo menos, teníamos el miedo en el cuerpo e incertidumbre.

Una publicación en el BON y en el BOE

Desde mayo sabíamos que habíamos aprobado la fase de prácticas, pero aquella demanda en el mes de octubre daba miedo y ponía en peligro nuestra plaza más que merecida. Los compañeros y compañeras transmitían tranquilidad, pero ya se sabe, «hasta el rabo todo es toro». Se nos notificó la noticia de la publicación tanto en el BON (Boletín Oficial de Navarra) como en el BOE (Boletín Oficial del Estado) y pudimos liberarnos de viejos fantasmas. El día D fue el 29 de noviembre de 2011, y la hora H no importa, ya lo podíamos celebrar porque ya éramos funcionarios de carrera.

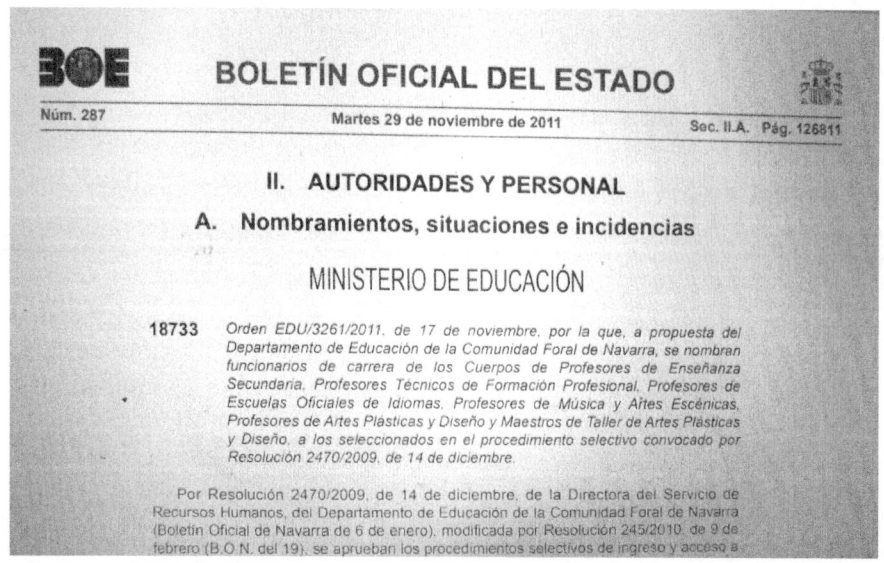

BOE BOLETÍN OFICIAL DEL ESTADO

Núm. 287   Martes 29 de noviembre de 2011   Sec. II.A. Pág. 126811

II. AUTORIDADES Y PERSONAL

A. Nombramientos, situaciones e incidencias

MINISTERIO DE EDUCACIÓN

18733   Orden EDU/3261/2011, de 17 de noviembre, por la que, a propuesta del Departamento de Educación de la Comunidad Foral de Navarra, se nombran funcionarios de carrera de los Cuerpos de Profesores de Enseñanza Secundaria, Profesores Técnicos de Formación Profesional, Profesores de Escuelas Oficiales de Idiomas, Profesores de Música y Artes Escénicas, Profesores de Artes Plásticas y Diseño y Maestros de Taller de Artes Plásticas y Diseño, a los seleccionados en el procedimiento selectivo convocado por Resolución 2470/2009, de 14 de diciembre.

Por Resolución 2470/2009, de 14 de diciembre, de la Directora del Servicio de Recursos Humanos, del Departamento de Educación de la Comunidad Foral de Navarra (Boletín Oficial de Navarra de 6 de enero), modificada por Resolución 245/2010, de 9 de febrero (B.O.N. del 19), se aprueban los procedimientos selectivos de ingreso y acceso a

ESPECIALIDAD: 006 MATEMATICAS (CASTELLANO)

N.R.P.		APELLIDOS Y NOMBRE	D.N.I.	TURNO	PUNTUACION
1658976057	A0590	MARTINEZ SANTIBAÑEZ, MARIA DE LA O	016589760	01	8,3233
1654553935	A0590	RAMIREZ EZQUERRO, ELENA	016545539	01	7,6960
7740352202	A0590	OTERO NOVOA, MARIO	077403522	01	7,6586
7268300424	A0590	RIVERA MARTIN, RAFAEL	072683004	01	7,4753
1819976057	A0590	EZQUER CALVO, LAURA	018199760	01	7,3518
4445777335	A0590	RODRIGUEZ GARCIA, LIDIA	044457773	01	7,1242
1601954757	A0590	CARRASCOSA DURO, MARIA MARGARITA	016019547	01	7,0936
2544538502	A0590	GREGORIO RUBIO, SANTIAGO	025445385	01	7,0600
0939846235	A0590	MIER PRADO, MARIA LUZ	009398462	01	7,0096
4447418835	A0590	PEREZ SUAREZ, IRIA	044474188	01	7,0062
7270055068	A0590	DOMINGUEZ FERNANDEZ, MARIA JOSE	072700550	01	6,9758
7288419013	A0590	BARRIO GIL DE GOMEZ, MARIA ELENA DEL	072884190	01	6,9127
4445898102	A0590	VAZQUEZ PARADELA, SABELA	044458981	01	6,8839
1656447913	A0590	OLIVAN CALZADA, EMILIANA	016564479	01	6,8070
7268050635	A0590	GONZALEZ RAMAJO, BEGOÑA	072680506	01	6,7577
3333877846	A0590	TORRON VARELA, SANDRA	033338778	01	6,7520
7874525368	A0590	NAVARRO RUIZ, AINHOA	078745253	01	6,7119
7278840213	A0590	ALFARO JIMENEZ, RODRIGO	072788402	01	6,6632
4735480846	A0590	ALBA GARCIA DE DIOS, ENRIQUE	047354808	01	6,5702
3353608302	A0590	SANCOSMED ALVAREZ, MARIA	033536083	01	6,5330
1819750324	A0590	JIMENEZ SARNAGO, MARIA PILAR	018197503	01	6,5299
1191136913	A0590	GONZALEZ SUALDEA, ANDRES	011911369	01	6,3688
7267654068	A0590	RUIZ PEREZ, RICARDO	072676540	01	6,2379
2913419602	A0590	ALMAZAN ANES, HECTOR CARLOS	029134196	01	6,2276
1654958902	A0590	SOLANA SANCHEZ, ANA ISABEL	016549589	01	6,1992
1276377757	A0590	DURANGO MONEDERO, IGNACIO	012763777	01	6,1278
1658190102	A0590	HERNAEZ AZOFRA, BEATRIZ	016581901	01	6,1236
2020523402	A0590	GARCIA DIEZ, SONIA	020205234	01	6,1090
1656759413	A0590	CADARSO MARTINEZ, JUDIT	016567594	01	6,1038
7268776868	A0590	GOÑI ITURRI, AMAYA	072687768	01	6,0887
1774346557	A0590	LAGUNA RIUS, MONICA	017743465	01	6,0492
1658548468	A0590	OMATOS SORIA, BEGOÑA	016585484	01	6,0282
N.R.P.		**APELLIDOS Y NOMBRE**	**D.N.I.**	**TURNO**	**PUNTUACION**
1659348935	A0590	RUIZ QUEMADA, DIEGO	016593489	01	6,0088
7467106724	A0590	FERNANDEZ RODRIGUEZ, MIGUEL	074671067	01	6,0020
4689616513	A0590	INSUA MATA, GERMAN	046896165	01	5,9991
7320014102	A0590	TURMO GUTIERREZ, ISABEL CATALINA	073200141	01	5,9883
5353754113	A0590	GARCIA CASTRO, LAURA	053537541	01	5,9822
2326138724	A0590	COLLADO MARTINEZ, JAVIER BERNARDINO	023261387	01	5,9716
7874785913	A0590	RESA AGUIRRE, ANDREA	078747859	01	5,9612
7141893724	A0590	OBLANCA GONZALO, OLIVER	071418937	01	5,9378
1657623068	A0590	OCHOA MARTINEZ, NOELIA	016576230	01	5,9354
3850450435	A0590	LLEYDA AYALA, MERCEDES	038504504	01	5,9316
4408131702	A0590	CASTIÑEIRA PORTELA, LAURA	044081317	01	5,9315
1599424146	A0590	SANCHEZ YABAR, SILVIA MARIA	015994241	01	5,9135
2440506235	A0590	FERREIROS DIAZ, MARIA ANGELES	024405062	01	5,8744
1658040746	A0590	VELASCO DEL OLMO, ANA ISABEL	016580407	01	5,8619
7278443057	A0590	GUTIERREZ VERGARA, JOSE RICARDO	072784430	01	5,8460
3282723357	A0590	BENITO PASCUAL, SARA	032827233	01	5,8180
1656981313	A0590	URRIZA SAN MARTIN, ALEJANDRO	016569813	01	5,7907
4426871368	A0590	RICO PEREZ, IGNACIO	044268713	01	5,7864
1460900335	A0590	FERNANDEZ PEREZ, DAVID	014609003	01	5,7529
7741124968	A0590	SANTOS TOUZA, CIBRAN	077411249	01	5,7396
1657625202	A0590	ORTEGA GARIJO, SOLEDAD	016576252	01	5,7346
7734034557	A0590	PERAGON MARTINEZ, ANTONIO	077340345	01	5,7211
2257829335	A0590	CARPIO GIMENEZ, OSCAR	022578293	01	5,7045
2545113646	A0590	RODRIGUEZ JASO, CARLOS	025451136	01	5,6878
2911564568	A0590	LASPALAS MUÑOZ, MARGARITA	029115645	01	5,6827
1658065613	A0590	ESTEVEZ SOBA, ROBERTO CARLOS	016580656	01	5,6760
3354098413	A0590	LAGE GARCIA, ANGEL JOSE	033540984	01	5,6693

Publicación del nombramiento en el BOE

TÍTULO DE FUNCIONARIO DE CARRERA

Posteriormente a la publicación del BOE, había que solicitar este gran título, un gran triunfo después de un largo camino y de un gran trabajo. No pasó mucho tiempo cuando llegó a mi domicilio, y había que enmarcarlo, como se había hecho con otros títulos, como los de Ingeniería Técnica en Hortofruticultura y Jardinería o la licenciatura en Enología.

No recuerdo el precio de las tasas, pero no era lo más importante. Lo más importante era que se había conseguido y podía decir con sinceridad que formaba parte del cuerpo de profesores de Educación Secundaria a todos los efectos, sin que nadie pudiese decir lo contrario.

Como Julio César en el año 46 a. C. fue nombrado *dictador perpetuus* ('dictador vitalicio'), en aquel nombramiento del 29 de noviembre de 2011 fui nombrado funcionario de carrera a todos los efectos.

TITULO DE FUNCIONARIO DE CARRERA

Don *JOSE RICARDO GUTIERREZ VERGARA*

ha sido nombrado *FUNCIONARIO DE CARRERA*

del cuerpo de Profesores de Enseñanza Secundaria

por Orden EDU/3261/2011, de 17 de noviembre de 2011 (B.O.E. del 29 de noviembre de 2011),

con el Número de Registro de Personal 7278443057 A0590.

En su virtud, expido el presente Título que le habilita para ejercer las funciones

propias de su condición de funcionario, con los deberes y derechos establecidos en las Leyes.

Madrid, a 30 de noviembre de 2011.

EL MINISTRO DE EDUCACION
P.D. (Orden EDU/580/2011, de 10 de marzo)
LA SUBSECRETARIA

Mercedes López Revilla

PRIMER DESTINO DEFINITIVO

Al publicar los méritos obtenidos de cada funcionario, nos dimos cuenta de que había otros criterios diferentes a los de la fase de concurso. Uno de los cambios fue que, si valoraban las diplomaturas y títulos intermedios de las Escuelas Oficiales de Idiomas, con ello el orden de puntuación de los funcionarios de carrera cambiaba sustancialmente con respecto a la fase de concurso-oposición.

En lo que a mí se refiere, me sumaron 3 puntos gracias a mi Ingeniería Técnica en Hortofruticultura y Jardinería y otro punto más por el título intermedio de euskera conseguido en 2003 en la Escuela Oficial de Idiomas de Tudela. Total, 4 puntos que no me habían sumado para la fase de concurso en el proceso selectivo de 2003, que hacían que adelantara a más de media lista de aspirantes, a más de treinta. En reuniones del Departamento de Matemáticas me decían que era fácil que no tuviera que ir en junio a la sede de Educación de Navarra a elegir vacante, sino que me darían destino definitivo.

Los meses fueron pasando y, ya entrado marzo, un poco antes del receso por la festividad de la Semana Santa, Educación de Navarra publicó los destinos provisionales, y a mí me había tocado el **IESO Valle del Aragón** de Carcastillo. No era un destino que me entusiasmara mucho, pues al ser un IESO no había Bachillerato —de hecho, después de esa etapa los estudiantes iban a Marcilla a realizar esos estudios— y estaba muy alejado de mi localidad, a más de 50 km, con casi una hora de viaje por unas carreteras más bien malas. Con todo, tenía la esperanza de que en el destino definitivo me tocara algo mejor, ya que al ser el primer destino no podía renunciar.

A final de abril salieron los destinos definitivos y se me confirmó que mi primer destino definitivo era Carcastillo. Me lo tomé como un reto, ya que había muchos alumnos procedentes de ese IESO que venían a Marcilla a estudiar Bachillerato, partían con una mala base en matemáticas y me dije a mí mismo que eso tenía que cambiar. ¿Cambiaría con el tiempo?

Un curso que tuvo influencia en mi vida

No sé por qué, pero durante el curso 2011-2012 comencé a hacer dos acciones que anteriormente no hacía:

1. Me importó mucho mi constitución física. Una alumna de adultos me había sugerido ir a una dietista, y le hice caso. Controlaba mi masa —porque no es lo mismo masa que peso— y me sentía cada vez mejor. Para mejorar este aspecto comencé a ir al gimnasio y a participar en las carreras de *running* de 10 km e incluso de media maratón. Dejé de correr en 2022, cuando sustituí esta acción por la que comento en el siguiente punto.

2. En este curso, una compañera puso un cartel en la sala de profesores, y eso me impulsó a viajar. En ese curso realicé el primer viaje a la Riviera Maya en vacaciones de Semana Santa, y fue el inicio de un periplo de más de veinte viajes por más de treinta y cinco países. La consecuencia de realizar tantos viajes ha sido mi introducción en el mundo de la literatura. Posteriormente, en 2022, dejé las carreras y ese año comencé a escribir.

Despedida de Marcilla

Habían sido dos cursos muy positivos en el **IES Marqués de Villena**. No iba a seguir trabajando allí, a menos que en otro concurso de traslados me permitiese volver; tenía eso en la cabeza desde que supe que iba a trabajar a partir del curso 2012-2013 en Carcastillo. El 24 de mayo de 2012 tuvo lugar la fiesta de la graduación de Bachillerato, se graduaban más de cincuenta alumnos, de los cuales a catorce les había dado clase de Matemáticas el curso anterior (2010-2011) en 1.º de Bachillerato. Me había despedido de este grupo de alumnos de esta manera, pero faltaba despedirme de algún alumno más. Decidí preparar un almuerzo para hacerlo. Y ¿a quién invitar? Estaba claro que no a todos, pero con el grupo de 1.º de Bachillerato de este curso 2011-2012 había más conexión entre nosotros que en el curso anterior con los que se acababan de graduar. Pero a alguien más, ¿no? Pues sí, avisé a dos alumnos de 2.º de ESO, a los que les había dado clase el curso anterior. Hablé con sus profesores y no hubo problema en que asistiesen. El 13 de junio de

2012 fue el día elegido para la despedida, traje unas tortillas, unos embutidos y lo pasamos muy bien.

Alumnos de 1.º de ESO en el curso 2011-2012

En septiembre de 2012, una vez acabados los exámenes de esta convocatoria, el Director Luis Carlos Díaz Barcos se despidió de mí agradeciéndome los servicios al IES Marqués de Villena durante los cursos 2010-2011 y 2011-2012. Yo por mi parte, le hice saber que me sentí muy a gusto en ese centro, muy apoyado y deseoso de volver en un futuro no lejano.

22. Historia de las oposiciones

HISTORIA DE LAS OPOSICIONES EN EL MUNDO

Parece ser que los chinos son los que inventaron los conceptos de «funcionario» y «oposiciones». En el año 221 a. C., el rey Chin sometió al pueblo chino en su totalidad tras haber conquistado y unificado un territorio que estaba dividido en seis estados. Tras esto, formó un Gobierno que se dividió en treinta y seis territorios o comandancias, centralizando todo su poder en su figura. También impuso un único sistema de escritura y la forma que tuvo de administrar todo su imperio fue el pilar fundamental que hizo posible la unificación. Fue entonces cuando aparecieron los primeros funcionarios, quienes se encargaban de asistir a su emperador a la hora de controlar y gobernar el imperio.

A pesar de que la dinastía Chin fuese derrotada por la Han 15 años después, su legado había dejado huella en nuestros días gracias a la creación de los funcionarios. Fue un siglo más tarde cuando Han Wendi fijó un sistema de oposiciones, creando incluso escuelas para poder prepararlas de forma correcta. Con este examen, el emperador consiguió escoger a los cargos públicos según sus aptitudes, consolidando además una burocracia que fuese fiel al imperio. Este modelo de examen estuvo vigente desde esa época hasta el año 1905.

¿Y en qué consistía ese examen? Al principio, cuando el emperador Chin gobernaba el imperio, existía una prueba de actitud en la que tenían en consideración aptitudes como la forma de hablar o expresarse, o la forma de vestir y la apariencia; todo muy aristocrático. No fue hasta la dinastía Song (siglos XI, XII y XIII) cuando esa prueba se abolió y únicamente comenzaron a tener en cuenta los conocimientos de la persona que se presentaba a ella. Para realizar esta última, los opositores debían estudiar un temario inacabable. A pesar de ese avance, todavía seguían existiendo limitaciones, puesto que los comerciantes, los artesanos y los monjes taoístas y budistas no tenían oportunidad de presentarse a esas pruebas, que únicamente aprobaba el 10 % de aquellos que accedían a ella. Fueron los jesuitas los encargados de trasladar este modelo de examen a Europa, que curiosamente generalizó Napoleón. España adoptó el modelo de funcionariado francés en el siglo XIX.

Historia de las oposiciones en España

Los primeros datos que se tienen sobre las oposiciones en España datan del año 1588, y se realizaron precisamente para poder escoger al profesorado. Pero ¿por qué pensaron que la mejor opción para conseguir a unos maestros cualificados era organizar estos exámenes? El rey de España de aquella época, Felipe II, creía que los problemas y las dificultades que sufría su pueblo se debían en su totalidad a la gran ignorancia de este mismo. Por esta razón, llegó a la conclusión de que la educación era la mejor cura para esa «enfermedad». Desde ese momento, comenzó a proyectar un sistema de exámenes que fuese eficaz para poder seleccionar al mejor profesorado del país.

Este proceso de selección también contaba con una serie de requisitos, diferentes a los actuales, aunque muy importantes de cumplir en aquella época. Entre ellos se encontraba trasladarse hasta la corte para poder ser examinados allí o tener unos altos conocimientos en doctrina cristiana, lengua castellana o aritmética, entre otros muchos más.

Con **Carlos III y Carlos IV**, se establecieron algunos sistemas más de selección para **puestos de administración**. Sin embargo, **no existía un sistema unificado de oposiciones**. Años y siglos después, hubo un intento en **1812, en la Constitución de Cádiz**, donde se introdujo la **idea de igualdad** en el acceso a la administración pública de la época, pero su implantación **resultó irregular y fallida**.

En 1852, el Gobierno de Bravo Murillo hizo posible la regulación legal de los exámenes de acceso mediante el **Real Decreto del 18 de junio** de ese mismo año. Esta situación, sin embargo, no garantizaba que ese empleado público mantuviese su posición de funcionario. Esta estabilidad se conseguía con el denominado Estatuto Maura, aprobado el 22 de julio de 1918, en que se recogía que a partir de ese momento no se perdería la condición de funcionario al cambiar de Gobierno, sino por meros motivos disciplinarios.

En la Segunda República, con la proclamación de la Constitución de 1931 se establecieron muchas reformas con respecto a la época anterior (reinado de Alfonso XIII), siendo en el ámbito educativo las más destacadas. Esta Constitución republicana con tintes anticlericales proclamaba la escuela única, la gratuidad y obligatoriedad de la enseñanza primaria, la libertad de cátedra y la laicidad. Se crearon más de 14 500 escuelas en cuatro años. No es fácil conocer cómo se seleccionaba al personal docente, pero lo cierto es que hubo que recurrir a personal voluntario no funcionario para poder alfabetizar a la población.

En la primera etapa del franquismo, cambió el panorama educativo, seleccionando el personal docente muy afín a los principios del movimiento nacional, no habiendo en los años 40 y 50 un criterio de selección claro. Más tarde, la **Ley de Función Pública de 1964** estableció las bases de los principios generales para el acceso de funcionarios a la Administración pública y promover el mérito y la capacidad como criterios de selección. En las décadas siguientes se amplió la cartera de los puestos a la Administración. Se conoce gracias a las publicaciones de ejercicios y problemas, al menos en la especialidad de matemáticas, que en los años 1969, 1971 y 1973 existía un tribunal único para toda España, un tribunal que podía estar en Madrid, Barcelona, Santiago de Compostela o Sevilla. Gracias al testimonio de un catedrático de Matemáticas, puedo saber que el temario en los años 70 estaba formado por más de noventa temas, a diferencia de los setenta y uno que había cuando participé en las oposiciones o en la actualidad.

En cuanto a la situación de los opositores, no ha sido fácil si se mira desde el punto de vista legislativo, ya que con la llegada y la formación de un nuevo Gobierno, que a su vez elabora las leyes de Educación, no lo hace exclusivamente para su mejora, complicando así cada pocos años las oposiciones de aquellos cuyo futuro del país tienen en sus manos. En los últimos años la situación se ha complicado más si cabe, con el acceso de los interinos al funcionariado mediante el concurso de méritos. Este concurso permite que los interinos que llevan tiempo en la enseñanza sin plaza la obtengan y tengan los mismos derechos que un funcionario que haya superado el procedimiento concurso-oposición-prácticas. La fase de prácticas será para estos una exención, puesto que no la tienen que realizar. ¡Una injusticia, sin duda! Se pretende que la cultura del esfuerzo sea poco rentable en este país.

23. Consejos para opositar

Voy a citar y desarrollar unos consejos o recomendaciones para opositar desde mi punto de vista, sobre todo al que tenga poca o nula experiencia. En este apartado valoro variables que son controlables (trabajo diario, elección de la asignatura y la comunidad autónoma donde te quieres presentar, decisión de ir a una academia a preparar las oposiciones…), y no las incontrolables, que no tienen que ver con el trabajo y el examen del opositor, como por ejemplo si este es conocido por los miembros del tribunal para bien o para mal, que por desgracia también las hay.

1. Tener vocación para transmitir conocimientos y conocer el mundo de la enseñanza actual: No hay que hacer caso a los mitos que crean las personas que no son docentes, como «los docentes tienen muchas vacaciones», «trabajan pocas horas a la semana» o «cobran un pastón». Las ventajas son solo la punta del iceberg. Antes de preparar una oposición hay que valorar si somos capaces de afrontar los inconvenientes (controlar a los alumnos que se portan mal, saber que hay padres que dan la razón a sus hijos sin escucharte, aguantar las impertinencias del equipo directivo de turno…), que hacen que no sea tan maravillosa la enseñanza. Si además el docente no tiene vocación para enseñar, puede pasar un calvario difícil de soportar. He visto a docentes llorar, volverse completamente locos. Y entonces, para esto, ¿merece la pena opositar?

2. Elegir la asignatura adecuada a nuestras características y a las circunstancias: En mi caso, lo tuve claro. Trabajé con la asignatura de Matemáticas desde el principio, pero también podría haber elegido preparar las oposiciones de Física y Química, pero siempre ofertaban menos plazas en cualquier comunidad autónoma. Lo tuve claro y centré mis esfuerzos en una asignatura desde el principio.

3. Ser consciente y estar preparado para realizar un trabajo sin remuneración durante un tiempo indefinido: Hay que tener en cuenta que es

imprescindible programarse, sobre todo al principio. Es conveniente estudiar de lunes a viernes durante ocho horas al día, cuatro horas por la mañana y cuatro por la tarde, y los fines de semana es aconsejable estudiar al menos diez horas entre sábado y domingo. Por supuesto, realizas un trabajo para ti y nadie te lo va a remunerar, pero con mucha ilusión sabes que estás sentando las bases de tu futuro.

4. Comprar un temario para tenerlo como referencia: Lo que se repite en todas las oposiciones es el desarrollo de un tema. No hay que comprar el primero que veas —eso hice yo—, valora varias opciones. He tenido varios temarios y hay diferencias a la hora de desarrollar los temas, unos son muy largos y otros son muy simples. No hay que olvidar que un temario no te lleva a la gloria, aunque escribas en el examen todo su contenido, pero puedes sacar contenidos de ese temario y de otros libros que están en las bibliotecas.

5. Hacer resúmenes de los temas, valorar el nivel de cada tema e intentar desarrollarlos por escrito: Resulta necesario hacer resúmenes de todos los temas que somos capaces de preparar antes del examen, valorar el nivel —hay algunos temas que se pueden preparar con el libro de 2.º de Bachillerato—, y todos los temas valen igual. Hacer pruebas o simulacros a ver si somos capaces de desarrollarlos en dos o tres horas.

6. Valorar la necesidad de ir a una academia: Pienso que es imprescindible, porque allí te van a informar de los cambios que puede haber, sin estar afiliado a un sindicato. También es imprescindible, para los opositores noveles, para preparar la defensa de la programación y de la unidad didáctica, porque apenas tienen experiencia docente; es imposible aprobar esta parte sin estar trabajando en un IES, como me ocurrió en 2006.

7. Tomarse muy en serio la fase de prácticas: Aunque se ha demostrado que es un trámite, hay algún caso que no las ha aprobado por no hacer caso al director o jefe de departamento. Ser asignados para evaluar a un compañero no resulta agradable y hay que colaborar con ellos en lo que sea necesario, porque el futuro del aspirante a ser funcionario de carrera depende de ellos, ya que tienen la potestad de hacer que el compañero que ha superado la

fase de concurso-oposición suspenda las prácticas y tenga que comenzar de nuevo de cero. Con todo, el aspirante, para suspender, tiene que contar con un informe negativo de todo el equipo que lo examina.

8. Presentar adecuadamente la documentación necesaria para el concurso de traslados: Una vez que se nos ha nombrado funcionarios de carrera, tenemos la obligación de concursar para que se nos dé nuestro primer destino definitivo. Hay que presentar todos los méritos posibles, pero cuidado, porque puede haber reclamaciones y seguimos siendo rivales. Hay aspirantes que se miran los baremos y adjudicaciones provisionales de los destinos, y cuando salen las definitivas hay sorpresas mayúsculas porque han reclamado. Tuvimos una compañera que realizó muchas reclamaciones, y hay compañeros a los que les han quitado hasta 6 puntos. En mi caso, en 2015 me quitaron posteriormente 3 puntos, que me habían adjudicado por mi titulación de ingeniero técnico en Hortofruticultura y Jardinería. Por lo tanto, ¡cuidado!

24. Algunos aspectos que considerar de las oposiciones

CARACTERÍSTICAS DEL OPOSITOR

Los aspirantes que se presentan a las oposiciones tienen una percepción diferente con respecto al proceso selectivo y a sus rivales. Sin tratar de crear estereotipos, los clasifico en dos grupos desde el punto de vista de la carrera que han estudiado en su época universitaria:

1. Opositores que han estudiado en su etapa universitaria la misma especialidad de la que se presentan a las oposiciones: Es un grupo que, en teoría, tiene ventaja con respecto a otras personas de otro grupo que no han estudiado en su carrera esa materia. En lo que se refiere a la especialidad de matemáticas —que no es una excepción—, el opositor que ha estudiado matemáticas tiene ventaja, aunque relativa, pues en la carrera los futuros licenciados en Matemáticas se especializan al elegir las optativas —algunos aspirantes se han especializado en cálculo, álgebra o estadística— y lamentan que algunos temas no los dominan, ya que no se han especializado en ellos y desde primero de carrera no los trabajan, así como algunos problemas de la parte práctica, que no los han trabajado mucho durante la carrera y no pueden resolverlos sin lucharlos mucho. Muchos licenciados en Matemáticas no ven con buenos ojos que se presenten aspirantes que han estudiado otras carreras, pero que les pueden superar. Suelen poner excusas si no les ha ido bien a lo largo del proceso selectivo; a alguno, después del examen, se le ha escuchado: «Nos han tocado todos los temas sobre análisis y sobre estadística, cuando yo soy de álgebra». Se quieren quitar competencia, pero no pueden hacer nada, puesto que la legislación habilita que otros aspirantes, siendo licenciados, se puedan presentar. Lo que no dicen es que algunos aspirantes hemos tenido que aprobar un examen o la fase de oposición para poder obtener una vacante al comienzo de un curso académico o bien hacer una sustitución durante el curso, situación que me ocurrió en primera persona en Madrid a principio

de 2006, al no aprobar el primer examen en 2004. Sin embargo, un licenciado en Matemáticas, por ejemplo, puede permitirse el lujo de entregar los exámenes en blanco y poder pedir una vacante. Por supuesto, hay licenciados en Matemáticas que hacen su trabajo y no les afectan otras circunstancias.

2. Opositores que han estudiado previamente otras carreras universitarias: Al principio éramos una minoría, pero con el tiempo fuimos creciendo y en la actualidad este grupo es mayoría. En el caso de las matemáticas, siempre ha habido aspirantes de otras carreras (licenciados en Física, Química o Económicas, ingenieros técnicos agrícolas, industriales o superiores...); de hecho, mis compañeros del CAP eran la mayoría procedentes de la licenciatura de Matemáticas o de estudios de informática, y durante los procesos selectivos que he participado (2004, 2006, 2008 y 2010) todavía éramos minoría, pero los compañeros que he tenido en los distintos departamentos de matemáticas en los IES de la Rivera de Navarra son muchos y con plaza procedentes de otras titulaciones que no son específicas de matemáticas. En este grupo hay que distinguir a los licenciados en Física y Química, porque aunque no han estudiado la carrera de Matemáticas, las han empleado en muchas de sus asignaturas; de hecho, más de una vez han obtenido mejores calificaciones que los matemáticos. Pero también estamos los que somos ingenieros, que no las hemos utilizado tanto. ¿Cómo se puede superar en una oposición a un matemático o a un físico? La respuesta a esta pregunta no es muy difícil, es que tenemos ingenio, una cierta capacidad para reinventarnos, adaptarnos a algo nuevo, para adaptarnos a unas reglas de juego y con ayuda de mucho trabajo, responsabilidad, podemos superarles al menos en las pruebas prácticas —no llegar a colocarte en el top diez, pero sí aspirar a una de las plazas que se ofertan—. Por supuesto, no darse por vencido cuando las cosas no salen bien. Las personas de este grupo, en general, no ponen paños calientes cuando la suerte no les sonríe tras las pruebas del proceso selectivo, y eso que, en general, parten con desventaja. Concretamente, yo soy uno de los que han partido con desventaja cuando comencé a opositar, pero también esta situación la había tenido en 1991 cuando, después de una FP de Agraria, decidí estudiar una ingeniería técnica agrícola, un desfase curricular tremendo con respecto a los que habían estudiado COU, pero como dijo el escritor Marcel Proust: «La fe mueve montañas». Con trabajo y responsabilidad fue posible

conseguir ambos retos, obtener los títulos de ingeniero y de funcionario de carrera, entre otros. Sin embargo, no estaba de acuerdo con las opiniones de los matemáticos que afirmaban que no debíamos presentarnos. Por una parte, siento rabia, pero, por otra parte, orgullo de haberles superado en los exámenes y no en los despachos, como querían algunos.

Desde otro punto de vista, los aspirantes se pueden clasificar en interinos que llevan un cierto tiempo haciendo sustituciones y ocupando vacantes y los que se presentan a un proceso selectivo por primera vez:

1. Interinos que tienen mucha experiencia: Son interinos que llevan muchos años, o bien haciendo sustituciones, o cogiendo vacantes desde el principio de cada curso. Han adquirido con el tiempo una serie de derechos por la escasez de funcionarios de carrera, debido a que en esa comunidad autónoma no se han celebrado oposiciones desde hace mucho tiempo, y curso a curso van adquiriendo derechos gracias al blindaje de las listas. Suelen ser muy reivindicativos y recurren a los sindicatos cuando peligra su situación de privilegio porque no quieren que vengan compañeros nuevos de esa comunidad o de otra, como ya ocurrió en 2006. Son interinos que se sienten muy cómodos porque las vacantes que tienen que cubrir están muy cerca de su domicilio y prefieren no luchar por una plaza, ya que la remuneración es prácticamente la misma y si obtuviesen una plaza deben concursar. A efectos prácticos, están como si tuviesen la plaza, pero con una diferencia, no tienen que concursar —que les podría hacer trabajar en un IES muy lejos de su domicilio y con un mal alumnado—, simplemente tienen la opción de elegir una vacante favorable al principio de curso, las mejores vacantes, y si se equivocan, al siguiente curso eligen otra mejor. En los últimos años ha mejorado considerablemente su situación por dos motivos: por una parte, porque han conseguido cobrar el complemento grado desde 2019 gracias al trabajo de los sindicatos (ya prácticamente cobran lo mismo que un funcionario de carrera) y, por otra parte, pueden convertirse en funcionarios de carrera sin aprobar una oposición mediante el concurso de méritos, circunstancia muy injusta porque un nuevo funcionario de esta modalidad puede superar en el baremo a aspirantes que hayan aprobado el concurso-oposición, ya que no deben realizar la fase de prácticas. Sin duda, una gran injusticia ante la que no se ha hecho nada.

2. Interinos con poca o nula experiencia: Son interinos que están en las listas porque se han presentado por primera vez a unas oposiciones y, en principio, para trabajar deben esperar su oportunidad para hacer una sustitución, a diferencia de los interinos del grupo anterior, que obtienen una vacante adecuada a sus características. Esta oportunidad no se sabe cuándo les puede llegar y en qué condiciones —en mi caso, aprobé la primera prueba en junio de 2006 y hasta noviembre de 2007 no debuté en la enseñanza—, porque le puede tocar trabajar al lado de casa o a más de 100 km de su domicilio. Tampoco se puede saber para cuánto tiempo, puede ser para quince días o más de cuatro meses si le toca cubrir una baja por maternidad, ni tampoco a qué grupos de la ESO o Bachillerato les va a tocar darles clase; hay casos en que se les asignan grupos muy buenos y, en otros casos, grupos muy problemáticos a nivel de rendimiento y de disciplina. Con el tiempo pueden elegir una vacante, pero desfavorable —a tiempo parcial o con grupos difíciles—. Este tipo de interinos deben estudiar para mejorar y presentarse a las siguientes oposiciones para mejorar su situación y tener mejor estabilidad.

La probabilidad y el desarrollo del tema

En los meses previos al desarrollo de las pruebas de las oposiciones, hay opositores que hacen sus cávalas para valorar qué posibilidades tienen de salir triunfadores. En todas las pruebas no es posible calibrar las posibilidades antes de realizarlas, por ejemplo, en la prueba práctica (problemas de matemáticas) o la defensa de la programación didáctica. En las pruebas del desarrollo del tema o la defensa de la unidad didáctica sí es posible valorar las posibilidades. Si no hay prueba práctica, el aspirante puede valorar sus opciones gracias a la teoría de las probabilidades. Voy a calcular las opciones que tiene el opositor estudiándose diez temas de los setenta y uno del temario y estudiándose veinte en los supuestos de que salgan dos bolas, como en las convocatorias 2004 y 2006, o cinco bolas, como en 2008 y 2010. Posteriormente, haré una valoración.

En internet podemos encontrar calculadoras que lo hacen y no hay más que meter los datos, pero voy a explicar paso a paso cada caso. Fundamentalmente, está basado en la teoría de la probabilidad y, concretamente, en la regla de Laplace, que define la probabilidad de un suceso P(S) como:

$$PS = \frac{Casos\ favorables}{Casos\ posibles}$$

El suceso es claramente «desarrollar el tema correctamente» porque el aspirante se lo ha preparado muy bien. Los casos favorables son el número de temas que ha estudiado y los casos posibles son los setenta y uno totales de que consta el temario.

En las convocatorias de 2004 (Madrid) y 2006 (La Rioja), los miembros del tribunal sacaron dos bolas con el número de cada tema para que cada aspirante desarrollase uno de ellos. Hago el cálculo suponiendo que el aspirante se ha estudiado diez temas y también para veinte temas.

Si el opositor se ha estudiado diez temas, vamos a calcular primero cuál es la probabilidad de que no pueda desarrollar correctamente ninguno y, posteriormente, ese resultado hay que restárselo a uno, que es la probabilidad del suceso seguro, como si el aspirante se hubiese estudiado todos los temas. En este apartado también tengo en cuenta el fondo de armario, es decir, que aunque no se ha trabajado un tema de algún temario, tiene capacidad suficiente de desarrollarlo con sus conocimientos previos. Teniendo en cuenta este criterio, la probabilidad de que el opositor desarrolle uno de ellos será la siguiente.

Partimos de que en el sorteo le hayan tocado los dos temas desfavorables, y a ese suceso le llamo A. La probabilidad de que el primer tema no lo sepa desarrollar es $\frac{61}{71}$, y una vez visto el primero, la probabilidad de que el segundo también sea desfavorable es $\frac{60}{70}$, porque hay un tema menos favorable y posible. Para que se den las dos situaciones las probabilidades se multiplican.

$$p(A) = \frac{61}{71} \cdot \frac{60}{70} = 0{,}7364$$

Esta es la probabilidad de que no se sepa ninguno de los dos. El suceso contrario es que se sepa alguno de los dos. Le llamo B.

$p(B) = 1 - p(A) = 1 - 0,7364 = 0,2636$

Voy a realizar el mismo procedimiento para veinte temas estudiados.

$p(A) = \dfrac{51}{71} \cdot \dfrac{50}{70} = 0,5130$

$p(B) = 1 - 0,5130 = 0,4870$

Las posibilidades aumentan mucho al estudiarse veinte temas con respecto a diez. Con diez, el opositor tiene prácticamente una posibilidad de cuatro, y con veinte es un cara o cruz, es decir, tiene casi un 50 % de posibilidades de desarrollar el tema correctamente.

Voy a proceder de la misma manera, pero con cinco bolas, como ocurrió en 2008 y 2010.

Con diez temas estudiados, son cinco factores al salir cinco bolas:

$p(A) = \dfrac{61}{71} \cdot \dfrac{60}{70} \cdot \dfrac{59}{69} \cdot \dfrac{58}{68} \cdot \dfrac{57}{67} = 0,4569$

Con diez temas el opositor tiene más de un 50 % (54,31 %) de posibilidades de que le toque uno que se ha estudiado.

$p(B) = 1 - 0,4569 = 0,5431$

Con veinte temas estudiados:

$p(A) = \dfrac{51}{71} \cdot \dfrac{50}{70} \cdot \dfrac{49}{69} \cdot \dfrac{48}{68} \cdot \dfrac{47}{67} = 0,1804$

$p(B) = 1 - 0,1804 = 0,8196$

La probabilidad es muy alta. En porcentaje, el opositor tiene un 81,96 % de probabilidad de que le toque un tema que se ha preparado.

CONCLUSIONES

El hecho de que salgan más bolas hace que la prueba del desarrollo del tema sea más equilibrada y menos decisiva, porque la mayoría de opositores podrán desarrollar un tema que se hayan preparado. Los cálculos anteriores son significativos:

1. Si los miembros del tribunal sacan dos bolas (dos temas posibles para elegir uno) es muy difícil que le toque un tema de su agrado si se ha estudiado diez temas, pues de cada cuatro veces que se hiciera el sorteo, solamente una sería favorable, y con veinte temas prácticamente es la mitad. Con este sistema el aspirante que no se ha preparado muchos temas tendrá muy difícil que pueda desarrollar uno de los dos. También existen los casos de mala suerte si el aspirante se ha preparado muchos o buena suerte para el que se ha preparado pocos, pero no es lo normal.

2. Si se sacan cinco bolas, el aspirante que se haya preparado pocos temas tiene más opciones de desarrollarlo, porque si solo se ha estudiado diez temas es un cara o cruz —prácticamente la misma situación que si se ha estudiado veinte temas en el caso de sacar dos bolas—, y si se ha estudiado veinte, el opositor tiene cuatro posibilidades de cinco de desarrollar uno de sus preferidos. La situación se equilibra bastante y lo normal es que haya, en general, buenos temas bien desarrollados en la oposición. No siempre es así, porque en 2008, cuando entré a una lectura, ese opositor apenas hizo nada, y eso significa que hay aspirantes que apenas estudian en las oposiciones.

3. Los cálculos realizados basándonos en la teoría de la probabilidad nos dan a entender que en 2008 se pretendía que los interinos que llevaban tiempo en la enseñanza lograsen su plaza. Con pocos temas preparados tenían muchas opciones de salir airosos, además sin tener examen de problemas y con más valor en la defensa de la programación y unidad didáctica. Todo fue a favor de los interinos, «blanco y en botella».

Papel de los tribunales de oposición

Son elegidos poco antes del proceso selectivo y no se garantiza en absoluto transparencia. En mi experiencia como opositor he visto algunos casos llamativos:

1. En las oposiciones de 2006, pude comprobar que, en la especialidad de dibujo, en la primera prueba aprobaron cinco aspirantes; eran cinco plazas ofertadas y yo pensé que se repartirían las plazas, pero no. En la segunda prueba suspendieron dos, por lo que dos plazas quedaron desiertas. Con los testimonios de uno de los afectados, llegué a la conclusión de que al ser conocido por miembros del tribunal salió damnificado (unas preguntas de acoso y derribo en la defensa de la programación). Dos años más tarde fue el mejor aspirante con diferencia. Este dato muestra el trabajo parcial y poco transparente de los miembros de ese tribunal.

2. En la especialidad de matemáticas, no pude sospechar nada al respecto en las oposiciones de Madrid en 2004 y en La Rioja en 2006. Acaso en 2004 sí que me pareció poca la nota que pusieron (6,74), pero se supone que corrigieron con un criterio preestablecido.

3. En la convocatoria del 2008, tengo conciencia de que se manipuló el resultado y los miembros del tribunal por mucho que digan que quitan la mejor y la peor nota de cada miembro del tribunal. El hecho de que te conozcan —en esta convocatoria me conocían, al menos, tres de los cinco que lo formaban— resulta muy decisivo, es mejor caer bien que mal. En 2008 presenté y defendí una programación a la que le dieron el visto bueno antes de la oposición algunas personas, como la profesora de la Academia Delta o profesores de la Universidad de La Rioja, y el resultado fue muy diferente. También el hecho de que se pondría una única nota de la oposición y no se desglosara qué nota se ha obtenido en las distintas partes da lugar a suspicacias. Hubo aspirantes que dos años más tarde obtuvieron resultados totalmente diferentes haciendo lo mismo con otros miembros de tribunal en Navarra. En Navarra en 2010, siguiendo un método de preparación similar aprobé la oposición, el sistema de plicas hace que al menos el proceso selectivo sea más

transparente, pues el examinador no sabe a quién corresponde el examen que está corrigiendo. Hay más datos que demuestran que el proceso selectivo de 2008 fue manipulado: las dos mejores aspirantes de la oposición de 2010 en Navarra fueron dos de las damnificadas de la anterior oposición en La Rioja dos años antes. Un dato que no pasó inadvertido cuando realizamos los cursos de la fase de prácticas en el CAP de Pamplona o en la UPNA con motivo de las conferencias sobre la enseñanza de las matemáticas.

COMPAÑERISMO Y RIVALIDAD

Ambos conceptos son diferentes, pero no tienen por qué ser incompatibles. Cuando te presentas a unas oposiciones tienes compañeros y rivales a la vez; compañeros porque compartes un curso de preparación en una academia o un curso en un instituto, y rivales porque luchas con tus compañeros por ser funcionario de carrera. Hay que saber estar a la altura, es decir, saber ganar y saber perder. Voy a analizar cronológicamente algún caso que he visto en las academias a la hora de preparar las oposiciones, en las propias oposiciones y en los institutos trabajando con posibles rivales.

La primera vez que oí la expresión «somos rivales» fue en la academia Magister de Madrid en 2003, cuando le pregunté sobre un problema de matemáticas a una compañera. Me lo explicó, pero me dijo que no se había sentido cómoda porque podíamos ser posibles rivales. Me sorprendió mucho. Yo le dije que seguramente que no lo seríamos porque yo tenía intención de presentarme por el norte, no por Madrid, pero no le faltaba razón, puesto que al no convocar plazas ni en La Rioja ni en Navarra, me presenté en Madrid en 2004; no tuve noticias de si ella se presentó o no, pero lo cierto es que meses más tarde dejó de venir a la academia. Con todo, quiero destacar el compañerismo de los compañeros y compañeras de Magister durante todo el curso de preparación.

En el curso celebrado en la Academia Delta de Zaragoza en 2008, me ocurrió una cosa curiosa. En mi grupo había unos veinte o veintidós alumnos, y de matemáticas éramos cuatro. Una compañera y yo habíamos decidido preparar la programación de 2.º de Bachillerato de ciencias, la asignatura en cuestión era Matemáticas II. Hablé con ella en el descanso de una sesión —cada sesión del curso comenzaba a las 18:00 horas y terminaba a las 22:00 horas— y le sugerí si la trabajábamos juntos, y me dijo que sí. Le propuse que nos mandáramos lo que teníamos y lo comentáramos en privado. Ella, en principio, me dijo que sí. La semana siguiente cuando le iba a mandar mi programación en un Word, adjuntada en un correo electrónico, vi que me había mandado un *email* diciendo que mejor era que cada uno hiciese su programación, puesto que podíamos ser rivales. Yo acepté. Con el tiempo se vio que no pudo ser una buena idea, puesto que ambos todavía no estábamos preparados para defender una programación, se vio cuando nos tocó exponer, ganándonos una buena reprimenda de la profesora, que nos dijo que con esa actitud «les dábamos al tribunal nuestra cabeza en bandeja». Había mucho que mejorar. La rivalidad impidió el trabajo en equipo en esta ocasión.

Al comienzo del 2010, en el Centro de Profesores de Calahorra hice un curso de unas pautas que tener en cuenta en las oposiciones y, en varias sesiones de este curso, voluntariamente hicimos la exposición de nuestra programación. En este curso había una compañera y futura rival (profesora de Matemáticas) en las oposiciones de Navarra en 2010 y yo decidí exponer mi programación de una manera si estaba presente ella —ocultando alguna novedad que permitía diferenciar mi programación didáctica de muchas otras— y de otra si no estaba —haciéndolo como si estuviera delante del tribunal el día de la oposición—. La compañera no apareció y lo hice de manera similar al día que la defendí. La conclusión que saqué con los compañeros de academia y de los cursos fue que es bueno el trabajo cooperativo, pero que no es conveniente enseñar las cartas, y menos en pruebas como la defensa de la programación.

El 26 de junio de 2006 tuvo lugar la segunda prueba, el desarrollo del tema, en las oposiciones de secundaria de La Rioja. Entramos al aula para hacer el examen a las 9:00 horas, y hacia las 9:20 horas entró el presidente del tribunal diciendo: «Un opositor procedente de Valladolid ha llegado tarde al examen porque se ha retrasado el tren. ¿Hay algún problema en que haga el examen?». Nadie dijo nada al respecto y el opositor vallisoletano hizo el examen. En esta ocasión, se demostró que a pesar de ser rivales fuimos buenos compañeros, pero si alguien hubiese dicho que no lo hacía, hubiera sido justo también. Aunque no es el mismo caso, hay un paralelismo con el ciclismo, pues hay veces que un corredor se ha caído corriendo el Tour y sus rivales lo han esperado, y otras veces no, no tienen por qué hacerlo. No hay que olvidar que las oposiciones también son una competición.

El curso académico 2007-2008 fue el curso en el que debuté en la enseñanza, en el **IES Tomás Mingot** de Logroño, concretamente. En el Departamento de Matemáticas éramos tres interinos, dos profesores y una profesora. A la profesora ya la conocía previamente, puesto que había sido compañera del CAP (curso 2001-2002) y rival en la oposición de 2006. Con cualquiera de los dos compañeros hablaba de las oposiciones sin problemas, también con el compañero que había conocido en ese curso. Una vez me dijo: «No tengo problemas de explicar o aconsejar a algún compañero o rival acerca de las oposiciones, porque él va a hacer su examen y yo voy a hacer mi examen». Muy buena reflexión. Lo cierto es que los otros dos compañeros no se llevaban bien entre ellos y aprobaron las siguientes oposiciones de 2008, uno en Navarra y la otra en La Rioja. A mí me llegó el premio dos años más tarde, en 2010. En el siguiente curso (2008-2009), en el **IES Valle del Cidacos** de Calahorra tuve una situación similar que en el curso anterior, con un compañero y una compañera, ambos interinos, pero con la diferencia de que apenas hablábamos de oposiciones, aunque era lógico, puesto que en 2009 no se convocaron. Según mi experiencia como docente interino, tengo que decir que mis rivales de oposición no han sido malos compañeros.

25. Algunos aspectos que considerar de la educación de hoy en día

EDUCACIÓN EN LA ACTUALIDAD

La educación de hoy está regulada por las leyes orgánicas (leyes que son inferiores a la ley suprema, la Constitución española de 1978) aprobadas en las Cortes, en el Congreso por mayoría absoluta y en el Senado por mayoría simple. Los que pueden votar para ver si son aprobadas o no son los diputados y senadores que han sido elegidos en unas elecciones generales. ¿Es realmente justo? Desde el punto de vista de la comunidad educativa, no, porque es fácil comprobar que la mayoría de los diputados no ha estado nunca en un aula de secundaria. Durante el período democrático (a partir de 1975) han regulado la educación nada menos que ocho leyes orgánicas, desde la LOECE de 1980 hasta la actual LOMCE, que se aprobó en 2020. Cada Gobierno ha aprobado la suya, los partidos mayoritarios (PP y PSOE) usan la educación para diferenciarse del contrario e intentar atraer cada uno a su electorado, con una forma de hacer política que prima la confrontación por encima del diálogo y del consenso. Hay una verdadera incapacidad para llegar a un pacto por la educación que dé estabilidad al marco normativo.

Todas las leyes orgánicas son desarrolladas por los decretos de cada comunidad autónoma; en el caso de la Comunidad Foral de Navarra, los decretos forales. Se puede comprobar una reducción progresiva de contenidos desde que comencé a dar clase en 2007 hasta ahora, al consultar el currículo y hacer las programaciones didácticas y al elegir los libros de texto matemáticos —más bonitos, pero con menos teoría y ejercicios prácticos—. Mi teoría es que cada vez el alumnado aprueba aprendiendo menos a todos los niveles, porque conseguí mi título de ingeniería en los años 90 sabiendo menos que los que lo consiguieron en los años 80 y más que los que lo consiguieron en el siglo XXI. En la ESO y Bachillerato (¡qué diferencia con los contenidos de COU!), la diferencia de saberes se acentúa aún más si comparamos la actualidad con respecto a hace una década. También sucede que en cada ocasión que se aprueba una ley sale una situación nueva favorable para el alumno mediocre; desde hace tiempo, un alumno puede titular con dos asignaturas en la ESO e incluso con una en Bachillerato. Vamos a peor y no podemos hacer nada porque ellos tienen el poder.

En muchas ocasiones, las directrices de los orientadores en los centros para atender a la diversidad no son del todo adecuadas y el alumnado se siente cómodo al saber que va a trabajar menos. Insisten en emplear una metodología con la que lo único que se está consiguiendo es que estamos perdiendo un derecho importante: la **libertad de cátedra**, un derecho constitucional. Sin este derecho se nos limita bastante a la hora de enseñar y es un retroceso en nuestra personalidad y madurez como docentes.

Enseñanza pública y enseñanza privada

Más bien hoy en día hay que hablar de enseñanza concertada, en lugar de privada, puesto que todos los centros educativos están subvencionados por la Administración central. Voy a hablar de este tema desde el punto de vista de la experiencia de mis exalumnos de clases particulares que han estudiado en esos centros educativos y de algunos que he tenido en IES y que luego han trabajado en ese tipo de centros.

De mi primera etapa en que di clases particulares (2000-2003) puedo sacar conclusiones en cuanto al contenido de las asignaturas de la rama de ciencias, Matemáticas, Física y Química en el **IES Gonzalo de Berceo** de Alfaro y los IES calagurritanos **Valle del Cidacos** y **Marco Fabio Quintiliano**, y los privados, los también calagurritanos **San Agustín** y **Santa Teresa**, el **IES del Puy** de Estella y el **Salesianos** en la localidad zaragozana de La Almunia. Tengo que decir que a los alumnos de los centros públicos que venían a mis clases particulares se les exigía más nivel, tanto en la ESO como en Bachillerato, a excepción de los que venían del **Colegio de San Agustín** (los agustinos de Calahorra), que a los que venían procedentes de centros concertados. En este centro de San Agustín se exigía más nivel que en los IES públicos a principios de siglo, pero en el resto de los centros concertados había bastante menos nivel que en cualquier centro público.

Hoy en día llego a la conclusión de que había en aquella época —e incluso actualmente, aunque en menor medida— un mito por parte de los padres de que en los centros públicos no se aprendía nada y necesitaban ir a un centro de otro tipo para que aprendiesen algo sus hijos (lo pagado vale, lo no pagado no vale). Aunque ya la realidad era que no querían que sus hijos se mezclaran con inmigrantes porque creían que con estos se frenaba su aprendizaje. Tras un año dando clase, llegué a la conclusión de que un alumno que quiere aprender aprende en cualquier centro educativo, y el que no quiere aprender no aprende en ninguno. Ya en aquella época, aunque no era muy extendido, se hablaba del término «cliente» en lugar de alumno, pero con el tiempo se está hablando de «cliente» también en los IES. Eran unos adelantados a su tiempo, aunque era una evidencia. No les faltaba razón, porque los que pagan son clientes.

Sindicatos en Educación

En el gremio de la Educación, como en otros ámbitos, hay muchos sindicatos. Voy a hablar en este apartado de los sindicatos de las comunidades autónomas donde he trabajado, La Rioja y Navarra. Algunos de estos sindicatos son afines a partidos políticos, como en el caso de UGT (Unión General de los Trabajadores) y CC. OO. (Comisiones Obreras), que son afines al PSOE (Partido Socialista Obrero Español); los sindicatos *abertzales* (nacionalistas vascos) como ELA (Eusko Langile Askatasuna, 'Solidaridad de los Trabajadores Vascos') y LAB (Langile Abertzaleen Batzordeak, 'Comisiones de Obreros Abertzales'), que son afines a PNV (Euskal Alderdi Jeltzalea, 'Partido Nacionalista Vasco') y a EH Bildu (Euskal Herria Bildu), respectivamente. Estos sindicatos se definen políticamente, actúan según los principios de su partido y no solo velan por los clientes que trabajan en Educación, sino también por los que trabajan en otros ámbitos (salud, Policía, funcionariado en general), al menos en teoría. Hay sindicatos que no tienen que ver con ninguna fuerza política, pero que también están presentes en otros ámbitos, con los casos de sindicatos como STAR (Sindicato de Trabajadores de la Administración Riojana), AFAFNA

(Asociación de Funcionarios de las Administraciones Públicas de Navarra) o CSIF (Central Sindical Independiente y de Funcionarios). Por último, el sindicato ANPE (Asociación Nacional de Profesionales de la Enseñanza). En principio, no tienen una ideología definida, pero apoyan siempre la asignatura de Religión. Hay algunos que, a pesar de tener su importancia en el pasado, han desaparecido por discretos resultados electorales (APS).

Los sindicatos tienen mucha fuerza en Educación y cada cuatro años son elegidos para formar parte de la Mesa Sectorial de Educación y poder negociar con el Departamento de Educación de esa comunidad. Cuando comencé a dar clase en los institutos, observaba que en los recreos venía algún representante sindical para informar sobre las oposiciones, interinidades o concurso de traslados, entre otras cosas. De esta forma me afilié al sindicato STAR en 2008. A partir de 2015, observé que las visitas a los IES de los representantes de los sindicatos se habían ido reduciendo bastante, a excepción de cuando se acercaban las elecciones sindicales. En estas elecciones todos los docentes tenemos derecho al voto para ser representados en la mesa sectorial, e incluso nos puede tocar estar en una mesa electoral para apuntar quién vota. ¡Muy significativo! Otra diferencia que percibo entre la época en la que comencé a trabajar en la enseñanza y ahora es que los sindicatos organizaban cursos que eran homologados y, por consiguiente, válidos de cara a la fase de concurso en los procesos selectivos, pero ahora apenas organizan nada. Prueba de ello es que recibo bastantes correos electrónicos y no hay nada al respecto.

¿Los sindicatos nos defienden? Lo cierto es que, desde mi experiencia, cuando he solicitado ayuda en lo que es el tema administrativo, me la han proporcionado. Por ejemplo, en temas de pedir una comisión de servicios, de pérdida de puntos en el concurso de traslados por una reclamación que te han hecho, de excedencia... En temas de expedientes disciplinarios, he observado en mi caso, con el expediente en el curso 2009-2010, que no me hubieran defendido bien y me habrían echado de la enseñanza de no haber aprobado en Navarra ese mismo verano. En el caso de una compañera ecuatoriana (explicaré su caso en otro punto), tampoco se le defendió bien porque se le echó de las listas de matemáticas. Lo que he percibido en alguna charla que han hecho en los recreos es que se cuelgan medallas cuando se ha logrado algo y siempre hablan en primera persona del plural, como por ejemplo un poco después del proceso selectivo que yo aprobé, cuando un sindicalista dijo: «Nosotros, los de AFAGNA, hemos hecho posible que no se pierdan plazas por renuncias y las ocupen los siguientes en la lista». Lo que tengo claro, viendo lo que han hecho y, sobre todo, lo que han logrado, es que defienden a los interinos. No hay que olvidar que los defendieron cuando quisieron blindar las listas en el 2006 y lo lograron, han logrado que los interinos cobren complementos que solamente los cobraban los funcionarios de carrera (complemento de grado en 2019), y, por último, han colaborado en un concurso de méritos que le da la posibilidad a un interino de lograr una plaza como si hubiese aprobado una oposición. Unos hechos por los que se cuelgan medallas y se sienten orgullosos, cuando realmente están colaborando en una gran injusticia, porque hacen que un interino tenga los mismos derechos que un funcionario de carrera. Sin embargo, no veo que hayan hecho nada a favor de los funcionarios de carrera a lo largo de estos años.

TITULACIONES Y PRUEBAS DE ACCESO

No tienen nada en común el sistema de selección que afrontan los aspirantes para lograr una plaza en la Administración y el que tienen que afrontar los estudiantes para lograr una plaza en futuros estudios. En este último caso, suelen salir triunfadores los alumnos con alguna suspendida y aprobada al final por el equipo docente. Indudablemente, no es la mejor forma de prepararlos para el futuro, en el que van a tener que afrontar pruebas similares a las que nosotros hemos tenido que realizar. Desde luego, es muy injusto para los estudiantes que han aprobado todo por haber superado los conocimientos de todas sus asignaturas, porque la diferencia de puntuación con respecto a los que han salido beneficiados debe ser mayor. Ciertamente, la formación del estudiante favorecido al superar una asignatura —claramente suspendida en los exámenes— en la junta de evaluación no está completa, ni muchísimo menos. Otra cuestión es qué puede pensar el alumno o alumna que ha aprobado todas las asignaturas antes de que se celebre la junta de evaluación con una media de un 6 y que algún compañero o compañera obtenga más de un 7 de media al aprobarle alguna asignatura que en principio la tenía suspendida —en algunos casos, con un 3 o menos—. Sin duda, se manipula la titulación (ESO) y el acceso a otros estudios superiores (prueba de acceso a grado superior y Bachillerato). En el curso 2008-2009 impartí el curso de acceso a grado superior y se hicieron pruebas selectivas de La Rioja en Calahorra. En esa prueba, en cierta manera, se hizo justicia y los que adquirieron un cierto nivel de matemáticas aprobaron sin problemas, suspendiendo los que no habían adquirido una base matemática sólida durante el curso. Aunque se ayudó a algún alumno que había suspendido y se le levantó la nota por el hecho de haber trabajado o por haberse portado bien en las clases, en una junta de evaluación extraordinaria se le aprobó. Una mala decisión, una injusticia para los demás, aunque fue algún caso puntual. Poco después, los alumnos, sin saber todavía el resultado de estas pruebas, se presentaron a la convocatoria de Barakaldo (Bizkaia), y allí aprobaron todos; Las pruebas de matemáticas, al menos, no es que eran más sencillas que en Calahorra, sino que hacían las pruebas en un gran pabellón con pocos cuidadores y con posibilidad de copiar muy alta (cosa que algunos ex-alumnos han reconocido más tarde). Aprobaron alumnos que durante el curso iban bastante mal en Matemáticas. Las pruebas de Barakaldo fueron un salvoconducto para alumnos que iban mal en las asignaturas para obtener el mismo premio que el resto del alumnado que había aprobado con todas las de la ley en La Rioja.

En este caso, siempre explico el ejemplo de los nutrientes esenciales para las plantas, que es un caso similar a las asignaturas que deben aprobar los estudiantes. ¿Qué es un nutriente esencial para una planta? Es un elemento químico imprescindible (nitrógeno, calcio, molibdeno, fósforo o potasio) para realizar una función vital (crecimiento, floración…), y su carencia no puede ser paliada por otro. Por ejemplo, el molibdeno es un micronutriente que se requiere en pequeñas cantidades —en este caso, del orden de 0,3 a 1,5 partes por millón—, imprescindible para realizar la fotosíntesis, es decir, el proceso por el cual la planta fabrica su propio alimento y que, si no tiene lugar, la planta muere. En su ausencia, ningún otro nutriente puede realizar su función durante el proceso de la fotosíntesis y, como consecuencia, la planta muere. En el caso de la formación de un estudiante sucede algo similar: en cada curso el estudiante debe superar todas las asignaturas imprescindibles para su formación, unas con más horas a la semana que otras (Lengua y Literatura, Matemáticas, Ciencias Naturales, Educación Física, Ciencias Sociales, Inglés, Tecnología,

Plástica y Visual, segundo idioma y otras optativas consensuadas por la CCP del IES correspondiente); de lo contrario, el estudiante no alcanza la formación adecuada, como ocurre con el caso de las plantas con los nutrientes. No deja de ser una injusticia, y es acentuada por la flexibilidad a la hora de titular o acceder por nota a estudios superiores. Está claro que el alumnado aprueba sabiendo cada vez menos. Si esto es lo que pretenden los que elaboran las leyes de Educación y los currículos de secundaria, su objetivo se ha cumplido.

NIVEL DE BACHILLERATO

Cuando impartí por primera vez este nivel, me di cuenta de que los alumnos adquirían una buena base en todas las asignaturas y que sabían más que el docente en todas las asignaturas, excepto la que impartía. A mí me daba envidia sana que los conocimientos que el alumnado tenía de Historia, Inglés (han podido lograr títulos de la Escuela de Idiomas), Economía, Tecnología, etc. fueran superiores a los míos. Con el tiempo y con ganas de aprender, he podido ayudar a un alumno en alguna guardia (una sesión en que el profesor de esa asignatura está ausente por alguna otra razón) en alguna asignatura que no es la mía (Historia, Física y Química, Economía o Biología).

El graduado en Educación Secundaria, al menos en la Comunidad Foral de Navarra, lo exigen para cualquier trabajo. En el caso de Bachillerato, no aporta nada, sino que es un nivel que solo permite al alumnado matricularse en estudios superiores, estudios universitarios o estudios de grado superior. El alumno adquiere un nivelazo en todas las asignaturas de las que se ha matriculado, ya sean de ciencias o de letras, pero nadie consigue un trabajo por el hecho de tener Bachillerato, parece ser que ese logro no aporta nada a las empresas. Desde mi punto de vista, es muy injusto y debería tener más repercusión en el ámbito laboral, porque el alumnado de Bachillerato posee un nivel de cultura general importante.

EL BILINGÜISMO EN LA ENSEÑANZA

Cuando comencé a trabajar en el IES Tomás Mingot, durante el curso 2007-2008, todas las asignaturas, a excepción del inglés o del segundo idioma (francés o alemán), se impartían en castellano. En los colegios, lugar donde se imparte la enseñanza primaria, ya se había implantado en 1996 y ya en aquel curso se hablaba de los beneficios tanto sociales como académicos para los estudiantes, pero todavía no se implantó. A partir de 2010 trabajé en Navarra y en algunos IES comenzaron a impartir algunas asignaturas en inglés (Tecnología, Biología) para que, poco a poco, los estudiantes tuvieran opción de cursar asignaturas en inglés. Pero ¿todo son ventajas?

En cuanto a los libros de Matemáticas en inglés, he podido observar que hay algunas diferencias con respecto a los que están en castellano, y no es cierto que un alumno aprenda más matemáticas por el hecho de haberlas estudiado en bilingüe. En cuanto otras asignaturas, percibo que lo que se gana por una parte se pierde por otra. Por ejemplo, en las asignaturas de Historia veo que sus libros en castellano son más amplios que los de inglés y un alumno de bilingüe no puede aprender tanto como uno que estudia en castellano.

Un compañero del IES Benjamín de Tudela me dijo en una conversación durante un recreo que había dicho a sus alumnos «vosotros de inglés sabréis mucho, pero de historia no sabéis nada», muy frustrado al comprobar que, por ejemplo, no sabían en qué siglo tuvo lugar la Revolución francesa. Parece que el bilingüismo no es tan bonito como lo pintaban e incluso hay profesores de la lengua de Shakespeare que están totalmente en contra. Es mucho mejor que introducir en el currículo nuevas asignaturas optativas en inglés relacionadas con el listening (comprensión auditiva) o el speaking (conversación en inglés). Otra opción podría ser aumentar las horas a la semana de la asignatura de Inglés: de 3 a 4 horas.

Asignaturas y ciencias infravaloradas

El requisito del «inglés» parece ser que vino para quedarse y en todos los trabajos no es necesario su empleo; sin embargo, lo piden en la mayoría de las ocasiones. Ahora para dar clase tienes que tener mínimo el B1 de inglés para aprobar el máster (antiguo CAP), pero no se exige el 4º curso de Matemáticas, el 3º de Biología o el 5º de Historia. Parece ser que, si una persona tiene un buen nivel de inglés, se puede permitir el lujo de no saber sumar, no saber situar en el mapa el mar Mediterráneo o, incluso, cometer muchas faltas de ortografía en castellano. dicho de otra manera la formación de un titulado en inglés estará completa y el docente que no la tenga dicha titulación su formación estará coja.

EMPLEO DE LAS NUEVAS TECNOLOGÍAS

Las nuevas tecnologías también han venido para quedarse. Tanto es así que hay compañeros y compañeras de Matemáticas que permiten trabajar al alumnado con calculadoras, incluso a la hora de realizar los exámenes. En algunos IES he sido el malo por no dejarles utilizar calculadora, pero no eran capaces de resolver multiplicaciones sencillas (en el examen era frecuente escuchar preguntas como el resultado de 12x5 u otra operación de dificultad similar). No digamos del docente que quiera enseñar el algoritmo de la raíz cuadrada; sus compañeros lo condenan a la guillotina. La culpa de esto la tienen, en gran medida, los docentes en muchas ocasiones.

Las nuevas tecnologías están bien y hay que usarlas, pero sin olvidar el fundamento teórico, porque para resolver problemas de la vida real necesitamos nuestra base teórica e ingenio.

En cuanto a nuestro día a día como docentes, las nuevas tecnologías en lugar de simplificar nuestro trabajo, lo que hacen es que cada vez trabajemos más y no por ello el alumnado está mejor atendido.

FAVORES Y PURGAS EDUCATIVAS

En la mayoría de los institutos de educación secundaria —por lo menos en los que he estado trabajando—, se puede percibir la gran afinidad que tiene el equipo directivo con inspección educativa. También he podido notar durante muchos cursos académicos que los miembros del equipo directivo, figuras o cargos como director, jefe de estudios y vicedirector, tienen más afinidad por unos compañeros que por otros. Por ejemplo, en mi primer año como docente (2007-2008) pude comprobar como un jefe de estudios evaluaba, sin tener ni idea de muchas materias, las unidades didácticas presentadas por los opositores que trabajaban en el instituto con la máxima nota (ya tenían 3 puntos en la oposición) y con un informe positivo. ¿Hubiera pasado igual si el resto hubiésemos optado por esta modalidad? He podido apreciar también que a unos compañeros que en teoría tienen que volver al IES de origen, porque han estado en comisión de servicios, les asignan un cargo de manera sospechosa y al curso académico siguiente siguen trabajando en ese instituto. De la misma forma que el alumnado hace la pelota a sus profesores, hay docentes que le hacen la pelota a miembros del equipo directivo de ese IES para mejorar su situación.

Sabemos que hay favores y que un equipo directivo puede hacer, pero ¿puede deshacer? La experiencia demuestra que sí. Se ha podido ver cómo un funcionario sin destino definitivo, que normalmente coge esa vacante en un IES cerca de su domicilio y aparentemente a gusto, de repente un año está trabajando en un IES todavía más lejos de su domicilio; algo ha pasado, pero no quieren que se sepa. Se puede deshacer, porque yo lo he sufrido en primera persona en el curso académico 2009-2010 en Autol, cuando un grupo de compañeros encabezados por la jefa de estudios hizo posible que me abrieran un expediente disciplinario. Afortunadamente, todo quedó en agua de borrajas al aprobar el proceso selectivo en Navarra ese mismo año. Durante esta etapa como funcionario de carrera (2011-2023), sí que he podido comprobar varios casos, todos con denominador común: una queja a un docente. La queja se va cocinando en los despachos de Dirección y Jefatura de Estudios los días posteriores y, finalmente, la sanción por parte de Inspección. Esto luego te llega a tu domicilio y puedes comprobar cuántas personas han intervenido y qué han dicho. En primera persona he vivido la incoación de un expediente disciplinario, pero también en tercera persona, como lo que le pasó a una compañera ecuatoriana en el curso 2020-2021. ¿Qué ocurrió?

En estos últimos años, cuando se convocan oposiciones, un interino que ha adquirido una vacante a principio de curso tiene la opción de firmar un contrato hasta el ecuador del curso (suele ser hasta el 31 de enero) y la segunda parte del curso está liberado para preparar las pruebas del proceso selectivo, no se le remunera, pero se le cuentan los méritos como si estuviese trabajando todo el año. En un IES de Navarra, a finales de enero de 2021, se incorporó una sustituta ecuatoriana, sin tener que hacerlo hasta el 1 de febrero. Durante una semana la sustituta sudamericana estuvo en las clases de la compañera a la que iba a sustituir —una cosa cuanto menos extraña— y, finalmente, el 1 de febrero firmó el contrato, en teoría hasta el 30 de junio. Lo cierto es que se le veía simpática y con ganas de enseñar, pero cuando coincidíamos en el departamento, un departamento mayoritariamente femenino y donde, excepto la jefa de estudios, todas eran interinas, las compañeras interinas le hacían preguntas muy incómodas, como dónde había estudiado la carrera o en qué IES había trabajado anteriormente. Ella les respondía que había estudiado la ESO y Bachillerato en el **IES Alhama** de Corella, y su carrera en la UPNA (Universidad Pública de Navarra). A mí personalmente me comenzó a oler mal, y más estando con la compañera en la sala de profesores, pues me hacía saber que no estaba cómoda con las compañeras.

Según el calendario académico 2020-2021, en el mes de febrero, clase normal hubo las dos primeras semanas. La tercera semana hubo un receso por Carnaval, y el lunes de la cuarta semana, el 22 de febrero, volvimos a trabajar. Todo parecía normal, pero el 23 de febrero, la efeméride del famoso golpe de Estado de 1981, en la reunión de departamento llamaron a la compañera ecuatoriana a Dirección. La jefa de estudios y la jefa de departamento, que era una interina nombrada por el equipo directivo, a pesar de que estábamos en el Departamento de Matemáticas varios funcionarios de carrera, nos informó de que se le iba a rescindir el contrato a la compañera porque no sabía nada de matemáticas, que era muy duro, pero que con ella los alumnos salían muy perjudicados; «Duro para ella, para vosotras no», así pensé en ese momento. En esa reunión nadie dijo nada al respecto, excepto yo, que les dije que la debíamos ayudar, que era poco tiempo —había estado dando clase un poco más de quince días— y que merecía una segunda oportunidad, pero hicieron caso omiso y se mantuvieron firmes. Poco más tarde llamaron al teléfono del departamento, para que bajaran a Dirección las jefas. Era para amedrentar a la compañera y darle un plazo para que se marchase. Subió la compañera casi al final de la reunión destrozada, casi llorando. De repente tocó el timbre y le di la mano, todos los presentes me vieron. Me dio mucha rabia y algo había que hacer, pensé.

Al final de la jornada le mandé un guasap diciendo que sentía lo que había ocurrido y que si era posible hablar con ella. Me respondió que sí. La llamé esa misma tarde y me contó que le habían dado un plazo de un día para que se decidiese si aceptaba voluntariamente la recisión de su contrato o bien Inspección le cesaba a los quince días. Le di varios teléfonos de sindicatos para que llamase para que le diesen una solución y le sugerí que no fuese a trabajar al día siguiente porque le iban a presionar para que firmase la rescisión. La compañera me hizo caso y al día siguiente no fue a trabajar al IES y cogió la baja. Reflexionando, llegué a la conclusión de que, si era verdad que no sabía matemáticas —circunstancia imposible porque había estudiado Económicas y se emplean muchas herramientas matemáticas—, era fácil de demostrar. Si entraba un inspector a su clase, iba a ver enseguida si sabía o no sabía. Iba a ser más justo, sin duda.

Lo cierto es que nos hicimos muy amigos y quedábamos una vez a la semana en Tudela, que era el único lugar donde podíamos quedar, ya que era una época postpandemia en que no se podía pasar de comunidad sin justificación; en este caso, ella vivía en Navarra y yo en La Rioja, y podía ir a Tudela porque estaba matriculado en la UNED. Quería presentarse a oposiciones para demostrar que valía, así que yo le dejé mis apuntes de oposición y le explicaba matemáticas. Todavía recordaba cómo eran las oposiciones, conocía los temas y me acordaba todavía de cómo se resolvían esos problemas, a pesar de que hubieran pasado once años desde que aprobé. Ella, a cambio, me explicaba inglés. Ni tan mal, practicaba un poco inglés, puesto que lo tenía muy olvidado. Sin embargo, ella no estudiaba mucho, una pena porque era una manera de demostrar que estaban equivocados, y a uno le hacía ilusión participar de alguna manera en otro éxito; hubiese sido como en el fútbol ganar un título tanto como jugador como entrenador. Con todo, le llegó el expediente y decidió recurrir, puesto que le habían echado de las listas de interinos de matemáticas. Se puso en contacto con el sindicato ANPE para preparar su defensa y me ofrecí para actuar de testigo en su defensa. También el abogado de ANPE se puso en contacto conmigo, me confirmó que el 16 de febrero tenía lugar el contencioso y me preguntó si quería ir como testigo. Mi respuesta fue afirmativa.

Los días que precedieron al 16 de febrero de 2022 pedí permiso y me apunté en el cuaderno de guardias, dejando tarea a mis grupos de alumnos. El juicio comenzó con retraso en los juzgados de Pamplona. Estuve con el abogado y me dijo lo que me iba a preguntar: si creía que la compañera estaba capacitada para impartir Matemáticas y si había algún acto de desprecio hacia ella por parte de sus compañeras. Enseguida me di cuenta de que tanto la directora como la jefa de estudios de ese IES, que era el IES donde trabajé el año anterior —luego concursé y me dieron como definitivo el IES actual, el **IES Pablo Sarasate** de Lodosa—, iban a intervenir en aquel contencioso. Llegó el momento, el abogado entró en la sala y los testigos debíamos esperar en el pasillo. La directora —y profesora de euskera— y la jefa de estudios, que era profesora de Matemáticas, se me acercaron y con ironía me dijeron: «¡Ricardo, menuda sorpresa! ¿Qué tal te va por Lodosa?». Yo les respondí que bastante mejor, y se retiraron unos metros y hablaron en voz baja, pero les pude entender que tendría que haber venido otra compañera. Esa compañera era la anterior jefa del Departamento de Matemáticas, a pesar de ser interina. Estaba claro que no esperaban que viniese, ni yo que viniesen ellas.

Tras diez minutos de espera, me llamaron a declarar. En primer lugar, me dijeron que me presentase y el juez me hizo la primera pregunta: «¿Sabe usted por qué estamos aquí?». Y le respondí: «Porque a una compañera le quieren echar de las listas de matemáticas». El abogado de ANPE, abogado defensor, me preguntó si el personal del departamento le había ayudado, y yo le contesté que no. Solicitó utilizar un material aportado por su defendida al juez (guasaps, exámenes que había hecho durante su sustitución…), y este le dijo que no. Por último, me preguntó si le tenían un poco de manía, y el juez le dijo que no procedía la pregunta, pero me dejó contestar. Expliqué que había oído comentarios despreciables hacia la compañera cuando ella no estaba presente, como «¡qué asco!». El fiscal me preguntó: «¿Cómo sabes que tiene capacidad para hacer su trabajo?». Le contesté que la compañera tenía el grado de Economía estudiado en la UPNA (Universidad Pública de Navarra), y yo estaba estudiando el grado de Turismo, que tenía muchas asignaturas relacionadas con economía en las cuales debía utilizar muchos conceptos matemáticos y, por lo tanto, dominaba esos conceptos matemáticos para transmitirlos al alumnado. El fiscal me hizo otra pregunta: «¿No es menos cierto que son matemáticas aplicadas a las ciencias sociales?».Yo argumenté que los niveles que le tocaba impartir no tenían excesiva dificultad. Con esa contestación, concluyó mi intervención.

Después de mi intervención entraron a la sala la directora y la jefa de estudios. La primera en declarar fue la jefa de estudios, a la que le preguntaron si la compañera tenía capacidad, y ella les contestó que sabía menos matemáticas que los alumnos y aseguraba que había quejas de profesores que impartían clases particulares a los alumnos del IES, que aseguraban que no sabía nada; quizás un poco precipitado, porque solo llevaba quince días haciendo la sustitución. El abogado de ANPE le preguntó por qué no se había llamado a un inspector para que entrase en su clase para verificarlo, y la jefa de estudios respondió que no era necesario porque era evidente que no sabía nada, era un desastre y su alumnado era el verdadero damnificado. Cuando concluyó, declaró la directora, a la que le preguntaron en primer lugar qué criterios habían seguido para expedientarla, y dijo que por el informe de la jefa de departamento en aquel momento. El compañero de ANPE le preguntó cómo era posible que una compañera interina pudiera ser jefa de departamento, habiendo compañeros funcionarios de carrera en ese Departamento de Matemáticas, y le respondió que porque su equipo directivo así lo había considerado. Para terminar, la directora concluyó que creía que la compañera no tenía capacidad para impartir la asignatura de Matemáticas. Al decir eso, pensé que lo tenía que demostrar de alguna manera y yo dudaba de su capacidad para valorar ese hecho; sin embargo, yo sería capaz de entrar a una clase suya y saber quién dominaba el euskera y quién no. Con ello, concluyó el juicio.

A los días quedé en privado con la compañera ecuatoriana y me dijo que había perdido el juicio, porque señalaban que yo me había contradicho a mí mismo ante las preguntas del fiscal y del abogado defensor. También dijo que el testimonio de la jefa de estudios fue determinante porque era funcionaria de carrera. «¿Y yo no lo soy?», me dije. Días más tarde, el abogado defensor me mandó un *email* con la grabación de mi intervención y le llamé. Durante la conversación me insistió en que no me había contradicho y que el juicio estaba muy polarizado, ya que normalmente dan la razón a la Administración (hubiese quedado el equipo directivo de ese IES a los pies de los caballos). Entonces saqué mis propias conclusiones:

1. Los equipos directivos de los institutos tienen mucho poder, pueden hacer y deshacer a su antojo sin que pase nada. En este caso procedieron muy rápido y mal con el objetivo de echar a una compañera que no caía bien. Lo más justo es que hubiese venido un inspector entendido en la materia al IES y lo hubiese comprobado antes de realizar el procedimiento sancionador. Recordaban a los tiempos en que se condenaba a muerte al reo sin comprobar que hubiese cometido el delito.

2. La justicia está polarizada en todos los ámbitos, y en Educación no es una excepción. Se demostró cuando el abogado de ANPE quiso poner sobre la mesa unas pruebas (guasaps con la compañera sustituida, exámenes puestos y corregidos por la compañera…) y el juez dijo que no procedía. Asimismo, no quiso que se comentara el trato a la compañera ecuatoriana por parte de sus compañeras. El juez lo tuvo claro desde el principio: defender a la Administración.

3. Si me sirvió para algo ese juicio fue para comprobar que la jefa de estudios no era mejor que yo, al menos en las oposiciones. Ella aprobó en 2008 cuando el ratio entre el número de presentados y plazas no llegaba a 2, y yo aprobé en el 2010 cuando dicho ratio era 5. Era más meritorio aprobar en 2010 que en 2008, sin duda, no hay más que recordar que en 2008 el informe sobre la unidad didáctica lo evaluaba el propio equipo directivo del IES en el que el aspirante trabajaba (obtenía prácticamente un 10 y el aspirante iba a realizar el resto de las pruebas prácticamente con 3 puntos en el bolsillo), y en 2010 fue una comisión con criterios bastante más estrictos a la hora de evaluar el informe; de hecho, tuve la peor calificación en esa prueba, con un 5,8.

LA FUNCIÓN DEL TUTOR

Todos los grupos de alumnos tienen un profesor–tutor durante un curso académico, durante las etapas de primaria y secundaria. La función del tutor es muy compleja porque es el responsable del grupo de alumnos que se le asigna, debe guiarlos de la mejor manera posible, coordinándose con el resto de docentes porque todos debemos ser una piña para que su aprendizaje sea más eficaz. La relación del tutor con los padres también tiene que ser buena, transmitirles que sus hijos son alumnos que tienen derechos y también deberes que deben cumplir. Se puede decir que el tutor es el puente que une al grupo de alumnos asignado, junto con sus padres, con el resto de la comunidad educativa, es decir, con el resto de profesores que imparten clase a ese grupo, orientadores, administrativos, conserjes o miembros del equipo directivo.

Durante toda mi trayectoria como estudiante he tenido tutor, desde el curso 1983-1984 en 6.º de EGB (a partir de 6.º era el último ciclo de la Educación General Básica y por primera vez teníamos más de un maestro que nos daría clase, por lo tanto uno de ellos debía ser nuestro tutor) hasta el curso 1990-1991 en 5.º de FP (último curso de la Formación Profesional antes de ir a la universidad). En mis dos épocas, la afinidad del tutor con el resto de la comunidad educativa fue excelente. En la universidad ya no disponíamos de tutor, ya que no es necesario, porque cada profesor impartía su asignatura y al alumno universitario se le considera autosuficiente.

En los cursos académicos 2007-2008, 2008-2009 y 2009-2010, en los cuales era profesor interino, me asignaron la tutoría en los dos primeros, un 2.º de ESO y un curso de acceso a grado superior (CPA), pero en el último, 2009-2010, no. No es fácil desempeñar la función de tutor, y más cuando estás empezando, pero siempre he apoyado mucho al compañero (profesor de otra asignatura de los alumnos tutorados), y al final de los cursos los compañeros me lo agradecieron. En el curso 2009-2010, en Autol, no puedo decir que los tutores de los grupos que impartí me apoyaran, y eso se vio en el expediente sancionador que me incoaron, ya que dieron por buenas las quejas de los alumnos problemáticos y de sus padres, dando a la inspectora una información de mi persona bastante sesgada y tergiversada. Una vez superado el proceso concurso-oposición, ¿tendría los mismos problemas?

En el curso 2010-2011, durante la fase de prácticas hubo un amago de poner una queja por parte de unos alumnos de Bachillerato que habían estudiado en el **IESO del Valle del Aragón** (Carcastillo), porque creían que avanzaba demasiado en las clases de Matemáticas para el poco nivel que tenían, pero el tutor nos reunió a las partes y el problema se solucionó (una queja por escrito no me hubiese ayudado a aprobar las prácticas). Dos cursos más tarde, en el curso 2012-2013, ya con destino definitivo y en Carcastillo, los alumnos me querían poner una queja al inspector porque creían que les estaba dando demasiada materia, pero esta queja no tuvo lugar por la intervención de su tutor y amigo Álvaro de Damas, un compañero granadino que era tutor de ese grupo y que en la actualidad trabaja en Andalucía, pero seguimos siendo muy amigos; no puedo decir lo mismo de otros excompañeros. La labor del tutor es importante para todos.

La educación en el confinamiento

Uno de los acontecimientos que pasará a la historia de la educación es la pandemia provocada por el virus COVID-19. Hay alumnos que se quejan de que, debido a esa circunstancia, no aprendieron nada durante todo el curso 2019-2020 y que eso les ha marcado cursos posteriores. Pues bien, eso es para el que se lo quiera creer. Lo cierto es que el curso 2019-2020 comenzó como los anteriores (clases, exámenes y evaluaciones presenciales), fue el 15 de marzo cuando comenzó. Para entonces ya se habían llevado a cabo dos evaluaciones y el alumnado había tenido oportunidad de aprender y saber de todas las asignaturas que tenía. Hubo que reinventarse y cambiar la manera de dar clase, sustituyendo la clase normal por la videoconferencia, circunstancia que aprovechaban para no conectarse muchos de ellos o apagar la videocámara para que no se viese qué estaban haciendo. Con todo, hubo alumnos que trabajaron y aprendieron, pero se copió mucho en los ejercicios que se les propuso y, sobre todo, en los exámenes (los podías ver, pero no sabías si estaban recibiendo un correo de otra tercera persona con los ejercicios y problemas hechos). Solo fue una evaluación, la tercera, la que se hizo con este sistema. Me gusta el lema del entrenador de fútbol de mi equipo favorito, la Real Sociedad, Imanol Aguacil, que cuando hay lesiones o cuando pierde, dice así: «No hay excusas». Efectivamente, no hay excusas, un alumno o alumna no perdió un año académico por esa circunstancia.

REFLEXIÓN DE MIS VIAJES EN EL ÁMBITO DE LA EDUCACIÓN

A partir del año 2012 he viajado mucho, por países desarrollados en los cuales la población ha recibido buena educación, incluso mejor que la nuestra —aunque con matices—, como Estados Unidos, Francia o Italia; pero también he visitado países donde he visto mucha pobreza, como México, Brasil o Camboya, y muchos de sus niños no tienen oportunidad de tener una educación adecuada. En estos países pobres hay muchos niños que nacen pobres, viven pobres y mueren pobres, es una realidad. Pero ¿qué hacemos para remediarlo? Si llegan a España, pueden estar agradecidos porque la enseñanza es obligatoria y gratuita; es decir, tienen una gran oportunidad, que muchos no la aprovechan. Pero a los que no se pueden desplazar —porque viven fuera y no tienen nada para desplazarse—, ¿cómo se les puede ayudar? La respuesta a esta pregunta es con ganas de ayudar y contactar con asociaciones benéficas que demuestren que de verdad están por la labor y nosotros podemos aportar nuestro granito de arena (hay voluntarios para enseñar en los países subdesarrollados). Hay que querer y hablar menos. No me gustó lo que pasó en Navarra, que hubo que cambiar los libros de la ESO por la nueva ley de Educación (LOMLOE) y los libros que se estaban utilizando directamente fueron a los contenedores, no hubo un plazo para que una asociación se encargara de mandarlos a lugares donde no tienen derecho a la educación. ¡No seamos hipócritas! El hecho de que todos los ciudadanos de este mundo no tengan una educación adecuada es responsabilidad de todos.

26. Nombres de los centros de enseñanza

A la hora de poner nombre a los centros educativos, en algunas ocasiones no se lo han pensado mucho y simplemente hacen referencia al valle del río que pasa por esa localidad, casos como **IES Valle del Cidacos** (Calahorra) o **IES Valle del Ebro** (Tudela). En el caso de las universidades donde he estudiado, no hay más que referencia a la provincia o comunidad autónoma (Universidad de Zaragoza o Universidad de La Rioja). Pero también hay centros educativos que hacen referencia a personajes históricos que de alguna manera tienen relación con la localidad. Voy a hacer una lista de los centros educativos en los que he estudiado, he opositado y he trabajado, cuyos nombres tienen estas características:

En mi época de la EGB estudié en el **Colegio Público José Luis Arrese** (Aldeanueva de Ebro).

En mi época de la Formación Profesional estudié en el **Instituto de FP Emperador Alfonso VII** (Alfaro), que compartía edificio con el instituto de Bachillerato **Gonzalo de Berceo** (los alumnos estudiaban BUP y COU). A partir de la implantación de la LOGSE, se fusionaron y pasó a llamarse **IES Gonzalo de Berceo**, el lugar donde realicé la prestación social sustitutoria durante el curso 1999-2000.

En mi época de opositor hice las pruebas en **IES Ramón y Cajal** (Madrid), **IES Duques de Nájera** (Logroño), **IES Navarro Villoslada** e **IES Padre Moret Irubide** (Pamplona).

En mi época como docente destacan los siguientes lugares de trabajo: **IES Tomás Mingot**, **IES Marqués de Villena**, **IES Pablo Sarasate** e **IES Benjamín de Tudela**.

La mayor parte de los docentes no nos paramos a pensar en quiénes fueron estos personajes, que no aparecen mucho en los libros de Historia de la ESO o Bachillerato. En este apartado voy a escribir un poco de cada uno.

José Luis Arrese (1905-1986)

Nació en Bilbao en 1905, realizó sus estudios universitarios en Madrid, licenciándose en Arquitectura. En su época de estudiante fue vicepresidente de la Federación Nacional de Estudiantes Católicos y presidente de la Asociación de Arquitectura. Al acabar sus estudios se casó con María Teresa Sáenz de Heredia, una prima hermana de José Antonio Primo de Rivera, fundador de la Falange en 1933. Esto quizás hizo que José Luis Arrese se afiliara a este partido antes de la Guerra Civil.

Fue ministro franquista, muy defensor de su régimen. Durante la dictadura tuvo varios cargos: gobernador civil de Málaga (1939-1941), ministro y secretario general de FET y de las JONS (1941-1945; 1956-1957), ministro de Vivienda (1957-1960) y procurador de Cortes (1943-1977). Después de la muerte de Franco, se ausentó el 18 de noviembre de 1976 en la votación para la aprobación de la **Ley de la Reforma Política**, cuya aprobación supuso el llamado «harakiri de las Cortes franquistas» (algunos historiadores definen ese momento como la segunda muerte de Franco).

Además de sus puestos políticos, fue académico de número de la Real Academia de Bellas Artes de San Fernando o académico de honor de la de San Telmo de Málaga. Quizá por ello el colegio público de Aldeanueva de Ebro ha llevado su nombre hasta su demolición a principios del siglo XXI. No es el único, porque en la Comunidad Foral de Navarra hay varios, destacando el colegio público de Corella, localidad natural de su esposa.

Su legado no solo es político, sino también cultural, pues en 1973 creó la Fundación Arrese junto a su esposa. La casa museo Arrese de Corella (Navarra) tiene una rica colección de piezas artísticas, como lienzos, esculturas y objetos antiguos.

Casa museo Arrese en Corella (Navarra)

Alfonso VII de León (1105-1157)

Alfonso VII de León, también llamado el Emperador, fue hijo de Urraca I de León y del conde Raimundo de Borgoña. El 26 de mayo de 1135 fue coronado *imperator totius hispaniae* ('emperador de toda España'). Durante su reinado destacaron las expediciones y ataques contra los almorávides y almohades en el sur peninsular.

En La Rioja también ha sido recordado, prueba de ello es que el instituto de Formación Profesional llevó su nombre. Para Alfonso VII, La Rioja era una pieza fundamental para su política imperial, tanto para hacer efectiva su autoridad sobre el Regum Caesaragustano como para la captación de Navarra. Alfonso VII multiplicó las donaciones a las iglesias riojanas y continuó con la política tenaz de la castellanización del territorio.

Gonzalo de Berceo (1196-1264)

Gonzalo de Berceo fue el más importante del mester de clerecía. Depuró el idioma castellano, en su dialecto riojano, para el cual traspasó numeroso vocabulario desde el latín (cultismos) y recurrió a fórmulas de la literatura oral tradicional y del mester de juglaría. En su trabajo como notario eclesiástico, y con intención de paliar la decadencia del monasterio, llegó incluso a falsificar documentos para conseguir que los reacios campesinos pagaran sus contribuciones al mismo.

Sus obras didácticas y narrativas en verso son sobre temas religiosos y, concretamente, sobre bibliografías de los santos, aquellos a los que se rendía culto en los monasterios con los que estuvo vinculado (*Historia del señor San Millán*, *La vida de santa Oria* o *La vida del glorioso confesor santo Domingo de Silos*). En sus obras no aparece como narrador original, ya que traduce ampliando obras escritas anteriormente en latín. No hay que olvidar tampoco que Gonzalo de Berceo era también *euskaldun,* que hablaba también euskera, una cosa normal en aquella época, ya que esa parte de La Rioja en el siglo XIII pertenecía al reino de Navarra y en sus obras no faltan algunos términos euskeras, llamados vasquismos. Murió en 1264.

RAMÓN Y CAJAL (1852-1934)

Cursó la carrera de Medicina en Zaragoza, licenciándose en 1873. Se presentó a las oposiciones para el Cuerpo de Sanidad Militar, en las que, entre cien candidatos para treinta y dos plazas, obtuvo la número 6. En 1874, Ramón y Cajal marchó destinado a Cuba de médico en la guerra de los Cien Años contra los independentistas que se habían revelado.

En 1875 regresó a España e inició su doctorado, comenzando a investigar. En 1876 se compró el primer microscopio. Se especializó en el sistema nervioso y publicó sus descubrimientos en revistas científicas y su teoría fue aceptada en 1889 en el Congreso de la Sociedad Anatómica Alemana en Berlín. Entre 1889 y 1904 publicó en forma de fascículos su obra magna, *Histología del sistema nervioso del hombre y de los vertebrados*. Gracias a los detallados exámenes histológicos de Ramón y Cajal, se descubrió la hendidura sináptica, un espacio de entre 20 y 40 nanómetros que separa las neuronas.

En 1906 compartió el Premio Nobel de Medicina con Camilo Golgi, «en reconocimiento de su trabajo sobre la estructura del sistema nervioso».

DUQUES DE NÁJERA (1482-...)

El ducado de Nájera es un título nobiliario, originario de la Corona de Castilla, concedido por la reina Isabel I de Castilla el 30 de agosto de 1482 a Pedro Manrique de Lara y Sandoval, conde de Treviño y ricohombre de Castilla en premio a sus servicios a la corona, «acatando los muchos y buenos e grandes leales e señalados servicios que nos facedes fecho e facedes cada día».

En 1520, el emperador Carlos I de España distinguió a los duques de Nájera con la dignidad de Grandes de España.

Su nombre hace referencia al municipio de Nájera en La Rioja. Los duques de Nájera gobernaron Nájera hasta el año 1600, cuando tras morir los dos hijos varones de Manuel Manrique de Lara a temprana edad, no dejaron sucesión masculina, pasando el ducado a su hija Luisa.

TOMÁS MINGOT (1942-1990)

Nacido en Villajoyosa (Alicante) en 1942. Ejerció como catedrático de Griego en Algeciras, Aranda de Duero, Nájera y Logroño, donde se incorporó al **IES Sagasta** en 1977 y ejerció la docencia hasta su fallecimiento (31-12-1990). Fue artífice, junto a otros profesores, de la biblioteca general de este instituto entre 1979 y 1988. Además, en su carrera política ostentó la Concejalía de Educación y Deportes del Ayuntamiento de Logroño. Actualmente, un instituto y la carrera de San Silvestre de la ciudad tributan su memoria.

NAVARRO VILLOSLADA (1818-1895)

Francisco Navarro Villoslada nació y falleció en la localidad navarra de Viana. Fue periodista, político, novelista de ideología tradicionalista y carlista.

Estudió Filosofía (1829-1832) y Teología (1832-1836) en la Universidad de Santiago de Compostela. Al acabar sus estudios y al volver a su Viana natal, participó en la primera guerra carlista para servir como soldado en la milicia nacional.

Al acabar la guerra, marchó a la Universidad Complutense de Madrid para estudiar leyes, y para pagarse las clases colaboró en diversos periódicos (*El Correo Nacional*, *El Siglo Pintoresco*, *La Fe* o *La Ilustración Católica*), además de trabajar como redactor de *La Gaceta*. Tenía contacto con escritores situados dentro del Romanticismo conservador, como Gabriel García Tassara, Nicomenes Pastor Díaz, José Zorrilla y Ángel de Saavedra.

Políticamente, evolucionó desde unas ideas liberalistas (dedicando un poema al general Espartero) hacia el Partido Moderado. En este partido estuvo hasta la Revolución Gloriosa de 1868, momento en que se integró en el carlismo. En 1872, cuando estalla la tercera guerra carlista, se retiró de la política activa y se consagró a escribir su novela histórica *Amaya o los vascos en el siglo VIII*. Murió en 1895.

MARQUÉS DE VILLENA (1650-1725)

Juan Manuel Fernández Pacheco y Zúñiga, nacido en Marcilla (Navarra) en 1650, fue huérfano desde los tres años. Su tío Juan Francisco Pacheco, obispo de Cuenca, lo educó hasta que cumplió catorce años. Durante esos años tuvo buenos maestros, que hicieron despertar en él un ansia de saber, aplicación al estudio y gusto en adquirir libros. Siguió cultivando su entretenimiento y a los veintiséis años era considerado como uno de los hombres más instruidos de España. Tras participar en varias batallas, acabó retirado en Castilla, aplicando el estudio y la educación a sus hijos. El rey Felipe V le nombró en 1713 mayordomo mayor, siendo el jefe de su casa.

Durante su vida obtuvo los siguientes títulos nobiliarios: duque de Escalona, marqués de Villena, conde de Xiquena, conde de San Esteban de Gormaz, marqués de Moya. Fue virrey y capitán general de los reinos de Navarra, Aragón, Sicilia y Nápoles. Caballero de la Orden del Toisón de Oro, orden de caballería de las más antiguas de Europa, muy ligada a la dinastía de los Habsburgo y a las coronas de Austria y España. Fundó y dirigió la Real Academia Española (1713).

Juan Manuel Fernández Pacheco y Zúñiga fue el octavo marqués de Villena, dueño de un marquesado que se extendía por parte de las actuales provincias de Almería, Murcia, Albacete, Alicante, Valencia y Cuenca.

Benjamín de Tudela (1130-1173)

Viajero y escritor de sus viajes, como un servidor. No se conoce la finalidad de sus viajes, si bien parece que Benjamín pudiera haber sido comerciante de piedras preciosas. En su viaje tomó contacto con comunidades judías que iba encontrando. En total, visitó ciento noventa ciudades de Europa y Oriente, por toda la península ibérica, Francia, Magreb, Egipto, la antigua Mesopotamia y Persia, convirtiéndose en una de las primeras fuentes de la demografía judía. Su interés se centró en los judíos y en su situación, describiendo personalidades, estudios, población, formas de vida, dificultades y éxitos. También nos habla de grandes acontecimientos políticos de su época.

Sin duda, es uno de los protagonistas medievales más destacados de la literatura de viajes.

Estatua de Benjamín de Tudela

PABLO SARASATE (1844-1908)

Pablo Martín Melitón de Sarasate y Navascués, más conocido como Pablo de Sarasate, nació en Pamplona en 1844. Compositor, violinista y director de orquesta navarro en período romántico. Dio su primer recital de violín a los siete años y, posteriormente, estudió con Rodríguez Sáez en Madrid, donde fue presentado a la familia real. La reina Isabel II le concedió entonces una beca para ampliar sus estudios en París. En la capital francesa ingresó en su conservatorio, poco después obtuvo el Premio Violín en 1857 y dos años después, en 1859, comenzó a dar conciertos por Europa y América.

Entre sus obras más destacadas se encuentran *Años gitanos*, las *Danzas españolas* y *Fantasía Carmen*. Ganó premios y destacó en sus lecciones y fue reconocido como concertista. Murió en 1908 y su legado es extenso. Un paseo lleva su nombre en la capital navarra, y también un museo. También lleva su nombre el instituto de educación secundaria de la localidad navarra de Lodosa.

Alumnos de 2.º de Bachillerato del IES Pablo Sarasate

27. Cultura y oposiciones

El tema de las oposiciones no es un tema preferido para llevarlo a la gran pantalla, es decir, no ha habido muchas películas sobre oposiciones en la más que centenaria historia del cine. En 2009 se grabó un cortometraje de quince minutos llamando *El opositor*, que trata de un opositor cuyo nombre es Emilio, quien lleva ocho años estudiando para conseguir un puesto de trabajo en la Administración y solo consigue ser suplente.

Hay películas que, aunque no tratan de las oposiciones directamente, nos pueden motivar para preparar las oposiciones para evitar realizar trabajos muy mal remunerados. Es recomendable ver estas películas en fases de estudio del temario que se le hacen al opositor interminables o, en caso de problemas matemáticos, cuando no se sabe ni cómo empezar a plantearlos. También es recomendable verlas cuando se está muy bloqueado. Voy a escribir algunas de ellas.

1. *El diablo viste de Prada* (David Frankel, 2006): Andy (Anne Hathaway) comienza a trabajar en una revista de moda, *Runway*, un ámbito del que no tiene ni idea, pero supone para ella una gran oportunidad en su carrera periodística, que acaba de empezar. No tiene grandes conocimientos de moda o estética, pero lo peor es lidiar con su jefa, que al final podrá con ella, porque Andy acabará desquiciada. Es un argumento que motiva a seguir estudiando para las oposiciones y seguir sacrificándose para un futuro bastante más seguro y mejor.

2. *En busca de la felicidad* (Gabriele Muccino, 2006): Está basada en la historia real de Chris Gadner, un hombre adinerado que trabajaba para una firma financiera, un sitio en que él mismo puede conseguir la estabilidad, y para ello tiene que pasar un examen muy difícil. Logra aprobarlo, pero primero pasa por todo tipo de situaciones complicadas, para su hijo y para él.

3. *Cien metros* (Marcel Barrena, 2016): Inspirada en la historia de Ramón Arroyo, un joven diagnosticado de esclerosis, al que le dijeron que no sería

capaz de caminar ni cien metros. Ramón decide participar en la prueba deportiva más dura del planeta. Con la ayuda de su mujer y de su suegro, inicia un peculiar entrenamiento en el que luchará contra sus limitaciones, demostrándole al mundo que rendirse nunca es una opción.

En cuanto a la música, hay una recopilación de canciones motivadoras para opositores. Son treinta y seis canciones de grupos musicales y artistas muy consolidados (Queen, Michael Jackson, Bill Conti, Foo Fighter, Amaral, Celtas Cortos, Joaquín Sabina, Fito y Fitipaldis, Maldita Nerea…). A mí en particular las que más me gustaban en mi época de opositor eran las bandas sonoras. Por ejemplo, algunas canciones del grupo estadunidense Survivor, como la de *Eye of the tiger* de las películas de *Rocky*, en los años 70 del pasado siglo, interpretadas por el actor Sylvester Stallone. Una música que suena cuando el boxeador se está preparando para vencer a un contrincante que en teoría es superior a él (un contrincante en cada película, que previamente había derrotado a Rocky con mucha facilidad) y, en la revancha, Rocky sale vencedor. Un hecho muy paralelo a las oposiciones.

Los opositores también disponen de libros cuya lectura es muy recomendable: *La pausa del opositor*, de Patricia Israel; *De mayor quiero ser funcionario*, de Alba Bastos; *El fin de la ansiedad*, de Gio Zarami; *Buenos hábitos, malos hábitos*, de Wendy Wood; *Memoria de elefante*, de Miguel Vergara y José Bea, o *Técnicas de memoria para opositores*, de Guillermo Antón Pardo, entre otros.

28. Glosario

ANPE: Sindicato independiente con personalidad jurídica y plena capacidad para obrar. Se dedica a mejorar la calidad de las condiciones laborales y económicas del profesorado.

Bachillerato: Etapa de estudios de dos cursos de duración, posterior a la etapa de Educación Secundaria Obligatoria, que capacita para el acceso a la universidad.

Baremo de méritos: Cuadro ponderado de méritos evaluables establecido para un concurso de ingreso o de provisión de puestos de trabajo en el empleo público.

BUP: Bachillerato Unificado Polivalente, etapa de la enseñanza escolar que seguía a la EGB y comprendía de los catorce a los diecisiete años.

CAP: Curso de Adaptación Pedagógica.

Centro de enseñanza concertado: Centro educativo financiado por el Gobierno, pero gestionado por entidades privadas.

Centro de enseñanza privado: Centro cuyo titular es una institución, entidad o persona con carácter privado. Todos los centros extranjeros se consideran privados, independientemente de su titular.

Centro de enseñanza público: Centro cuya titularidad se da a una administración educativa, bien sea la Administración general (Ministerio de Educación) o autonómica (Consejerías de Educación u otras Consejerías de las comunidades autónomas).

COU: Curso de Orientación Universitaria, etapa de la enseñanza escolar que seguía a BUP y comprendía de los diecisiete a los dieciocho años.

Expediente disciplinario: Procedimiento disciplinario seguido contra un funcionario público o un funcionario interino por la supuesta comisión de una infracción disciplinaria.

Fase de concurso: Proceso de valoración de los méritos del aspirante, según el baremo de puntos publicado en la convocatoria de oposiciones de la correspondiente comunidad autónoma en la que se presente a las pruebas.

Fase de oposición: Proceso en que se realizan una o varias pruebas, para determinar la capacidad o idoneidad de un aspirante para ocupar una determinada plaza de empleo público.

Fase de prácticas: Última fase del proceso selectivo, en la cual el aspirante que ha superado las fases de oposición y de concurso debe demostrar que está preparado para desempeñar su puesto de trabajo.

FP: Formación Profesional, etapa del sistema educativo español que sigue a la ESO (antes a la EGB) y que está destinada a proporcionar una capacitación profesional para determinados oficios.

Funcionario de carrera: Profesional que ha pasado la criba y el proceso de selección mediante una oposición y obtiene una plaza fija para trabajar en organismos públicos.

Funcionario en prácticas: Persona que ha superado la fase de concurso-oposición, pero necesita superar un proceso de prueba para valorar si realmente está preparada para desempeñar ese puesto de trabajo.

IES: Instituto de Educación Secundaria.

IESO: Instituto de Educación Secundaria Obligatoria. Centro educativo donde no se imparte Bachillerato.

Incoar: Dar comienzo a un proceso o expediente disciplinario.

Interino: Persona que desempeña temporalmente una función o trabajo en sustitución de otra persona, especialmente en la función pública.

Ley Orgánica: Ley que deriva directamente de la Constitución y sirve para su mejor aplicación.

Libertad de cátedra: Derecho a la libertad que corresponde a los estudiantes y profesores para poder aprender, enseñar, investigar y divulgar el pensamiento, el arte y el conocimiento, sin sufrir presiones económicas, políticas o de otro tipo por ello.

LOCE: Ley Orgánica de Calidad de la Educación. Aprobada en diciembre de 2002 y en vigor desde 2003 (Gobierno del Partido Popular), aunque su aplicación fue interrumpida en 2004, tras el regreso del PSOE al Gobierno.

LOE: Ley Orgánica 2/2006 de Educación. Esta ley está vigente desde el curso académico 2006-2007. Fue modificada parcialmente en 2013 por la LOMCE (actualmente derogada) y recientemente ha sido modificada también por la LOMLOE, última Ley Orgánica de Educación aprobada en nuestro país.

LOGSE: Ley Orgánica General de Ordenación del Sistema Educativo. Estuvo vigente desde 1990 hasta 2006.

Recurso de alzada: Recurso de carácter administrativo a través del cual se busca que el órgano administrativo revise un acto dictado por otro órgano dependiente jerárquicamente de él, buscando que enmiende conforme a derecho el acto del órgano inferior.

STAR: Sindicato de Trabajadores de la Administración Riojana.

Triángulo de Sierpinski: Fractal que recibe el nombre de un matemático polaco, Waclaw Sierpinski. Consiste en la aplicación de un patrón, que consiste en generar tres triángulos a partir de los puntos medios del triángulo original.

Índice